JEUNESSE ÉTERNELLE

Enfant, **Nathalie Le Gendre** s'imaginait devenir comédienne, dessinatrice, décoratrice, pilote de courses motos, institutrice... puis elle a publié son premier roman, *Dans les larmes de Gaïa*, et depuis, elle n'a plus jamais cessé d'écrire. Ses romans ont été récompensés par de nombreux prix, notamment le Grand Prix de l'Imaginaire, le Prix des Incorruptibles à deux reprises (pour *Dans les larmes de Gaïa* et *Mosa Wosa*), mais aussi le Prix Ados en colère (pour *Brune et Jules*) et le Prix Ados de Deauville (pour *Écoute battre mon cœur*).

Illustration de couverture : Beb-Deum

18, rue Barbès, 92128 Montrouge Cedex
ISBN : 978-2-7470-5882-7
Dépôt légal : octobre 2016

Nathalie Le Gendre

JEUNESSE ÉTERNELLE

bayard

Ain't No Sunshine – Bill Withers
Agnus Dei – Samuel Barber
A Destiny Revealed – Hans Zimmer (Henri 4)

« La mémoire du passé n'est pas faite pour se souvenir du passé, elle est faite pour prévenir le futur. La mémoire est un instrument de prédiction. »

Alain Berthoz

« Ce qui touche le cœur se grave dans la mémoire. »

Voltaire

Prologue
Le départ d'Étaine

Le dos appuyé contre le granit froid, Léna renversa la tête pour admirer les formes aléatoires des nuages, ses mèches cuivrées s'entassant sur ses épaules. Elle ne songeait qu'aux apparitions diverses qui défilaient sous ses yeux et que son imagination transformait. Mais, honnêtement, à quoi d'autre aurait-elle pu penser ? Elle ne gardait rien en mémoire, ou presque. Parfois, elle oubliait même pourquoi elle était venue s'asseoir sur ce banc, au fond du jardin, une heure auparavant. Alors elle paniquait, comme égarée, et Mary la raccompagnait en lui tenant le bras jusqu'à la maison qui sentait bon la peinture à l'huile et le pain à peine sorti du four.

Les odeurs, elles, Léna ne les avait pas perdues. De là à les relier à un souvenir exact…

Sa main serrait fermement le minuscule appareil dans lequel elle avait stocké ses chansons – quel en était le nom, déjà ? Elle enclencha la lecture et ferma les yeux quelques secondes, juste le temps nécessaire pour que les chœurs s'élèvent, telle une vague qui se gonfle avant de venir caresser de son écume le sable humide.

Agnus Dei.

Léna savourait ce morceau tous les jours, souvent en boucle. Elle l'avait noté dans son planning quotidien.

Les cumulus s'estompèrent, dévoilant le ciel pur et limpide, et aussitôt un rayon de soleil chauffa son visage lisse. Elle soupira d'aise. On était dimanche. Le jour de son rendez-vous avec Étaine. « Comme tous les dimanches », lui certifiait Mary chaque fois que Léna l'interrogeait. Elle possédait une photo d'elle dans son agenda, mais elle ne se rappelait pas qui elle était exactement.

– Bonjour, ma chérie… Comment vas-tu aujourd'hui ?

Léna ôta ses écouteurs et détailla la femme qui se trouvait devant elle. Grande, élancée, une lourde chevelure flamboyante, des yeux gris et doux, quelques rides autour d'une bouche aux lèvres un peu épaisses.

Étaine se baissa pour déposer un baiser sur le front de Léna, puis s'installa à ses côtés. À chacune de ses visites, elles parlaient de ce qui les entourait, car il était impossible d'interroger Léna sur la semaine qui s'achevait, mais cela ne dérangeait pas Étaine, elle adorait passer ce moment avec elle.

Goûter aux silences, aux regards, aux frôlements.

Aujourd'hui, c'était différent.

Étaine était nerveuse.

Elle savait pourtant que Léna ne serait pas affectée bien longtemps par la nouvelle. Elle jeta un coup d'œil vers la maison : Mary les observait par la fenêtre de la cuisine. Elle se composa un visage calme malgré l'intense bouillonnement intérieur qui lui nouait le ventre. Elle devait faire très vite et espérait que la réaction de Léna ne ficherait pas tout par terre.

En se contorsionnant, elle débarrassa ses épaules de son sac à dos pour le poser sur ses genoux.

– J'aime être loin de la ville, confessa soudain Léna. Cette campagne est si paisible.

Étaine fronça les sourcils et la fixa. Il lui arrivait parfois d'avoir des épisodes de lucidité, mais qui pouvait deviner combien de temps ils dureraient et ce qu'elle se rappellerait précisément ?

Léna, elle, cherchait dans sa mémoire bancale quelque événement, une trace qui l'éclairerait sur cette femme qui lui rendait visite tous les dimanches depuis… Depuis quand ? Qui était-elle déjà ? Pourquoi ces visites immuables ?

Puis son esprit se détacha du présent, et son regard se fit absent.

Mary avait disparu de la fenêtre de la cuisine.

– Il faut que je t'avoue quelque chose, commença Étaine. Je vais partir un long moment.

Léna reporta son attention sur le doux visage.

– Je t'en prie, écoute-moi bien. C'est très important, insista Étaine.

Elle lui attrapa les mains et les serra fortement. Léna se laissa faire, tentant de se concentrer.

– Je ne pourrai plus venir te voir toutes les semaines, pas avant quelques mois. Ça me brise le cœur, mais je n'ai pas le choix.

– J'habiterai seule ?

– Non, Mary te garde près d'elle. Personne ne t'abandonne, ma chérie. Je te promets d'être de retour très vite. Et puis, il y a Andrew. Tu l'aimes bien, n'est-ce pas ?

Étaine se racla la gorge, pour se donner le courage de continuer face au mutisme, et ouvrit la grande poche de son sac à dos.

– C'est pour toi, déclara-t-elle en posant un paquet rectangulaire sur les genoux de Léna.

– Un cadeau ?

– En quelque sorte, oui. Je souhaite que tu le conserves précieusement. Mais tu ne dois pas le montrer à Mary. Je n'ai pas le droit de... de...

Étaine se tut, en proie à une vive émotion qu'elle chassa en secouant ses boucles rousses.

– C'est le dernier roman de ma sœur, avoua-t-elle d'une voix blanche.

– Je ne me souviens pas d'elle.

– Elle était comme toi.

– Comme moi ?

– Elle a aussi perdu la mémoire.

– Ah...

– Je pense sincèrement que ce récit pourrait t'aider.

Léna ne la regardait plus.

– Qui est ce monsieur ?

Étaine redressa promptement la tête. Un homme s'était immobilisé sur le perron de la véranda. Une chemise ample par-dessus son pantalon en toile, des traits marqués, des cheveux coupés ras grignotant son crâne d'un masque sombre.

– Un ami.

– Je le connais, non ?

Les yeux de Léna s'étaient réduits à deux fentes.

– Son visage m'est familier.

Étaine, sceptique, observa Léna pour chercher une trace d'ironie. Mais non. Son visage reflétait juste une intense attention, et une lueur inhabituelle brillait dans ses pupilles.

– Je dois partir.

– Pourquoi tu dis que je suis comme ta sœur ? demanda subitement Léna tandis qu'Étaine se levait. Moi, je n'ai pas perdu la mémoire.

– Alors tant mieux, répondit la femme avec un sourire forcé. Je pense quand même que ce roman peut t'intéresser. Ma sœur y parle d'elle… pendant les dix dernières années. Il n'est pas achevé ; j'ai poursuivi au moment où sa santé s'est dégradée. Il faut vraiment que j'y aille, maintenant.

Elle se pencha pour embrasser Léna sur la joue.

– Prends soin de toi.

– À dimanche prochain.

Étaine secoua la tête, mais ne démentit pas. À quoi bon ? Elle foula le gazon impeccablement entretenu jusqu'à la maison.

– Comment s'appelle ta sœur, au fait ? cria Léna.

– Shanel ! répondit Étaine.

Après un petit signe de la main, elle disparut dans la véranda, entraînant l'homme par la manche de sa chemise.

– Pourquoi tu t'es montré ? le réprimanda-t-elle.

Il frotta son menton où s'étalait une barbe naissante et clairsemée.

– J'aimerais tellement lui parler…

– Je vous le déconseille, lança une voix autoritaire derrière lui.

Mary le toisait de la tête aux pieds.

– Je n'aurais pas dû accepter de vous recevoir ici.

L'homme n'entendit pas. Ses yeux étaient rivés sur le jeune visage de Léna, assise sur le banc, les deux mains crispées sur les deux pans de sa veste fermés sur son ventre pour dissimuler le paquet rectangulaire.

Étaine lui tapota l'épaule.

– Nous devrions filer. L'avion décolle dans deux heures.

– Oui, déguerpissez, intima sèchement Mary. Vous me l'avez assez perturbée comme ça.

– Encore quelques secondes, supplia l'homme.

– Écoutez, je vous chasse pour son bien, vous comprenez ? Elle ne doit subir aucun choc. Depuis qu'elle vit avec moi, elle a réussi à trouver un peu de stabilité dans le

« déséquilibre » de sa maladie. Elle n'a plus jamais fugué ni commis d'actes de violence, et c'est très bien comme ça.

– Tu as raison, marmotta Étaine. Nous partons. Je te tiens au courant de notre progression. De ton côté, essaie de me donner de ses nouvelles.

– Comment veux-tu que je te joigne là où vous vous rendez ? rétorqua la vieille femme.

Étaine sentit un tremblement parcourir le bras de son ami. Ses traits étaient tirés et ses joues pâles.

– Allez… nous ne lui serons d'aucune utilité en restant ici.

Léna attendit que la véranda se vide en répétant inlassablement : « Je monte dans ma chambre dès qu'ils sont partis, je monte dans ma chambre dès qu'ils sont partis… » comme une litanie pour être certaine de ne pas oublier ce qu'elle devait faire.

Elle se leva d'un bond, courut sur le gazon… s'arrêta soudain.

« Où est ma chambre ? »

Une vague de désespoir enfla en elle. Si elle réfléchissait au chemin qui l'y conduisait, elle perdrait la raison qui la poussait à s'y réfugier et pourquoi elle tenait ce paquet rectangulaire tout contre sa poitrine. Déjà, sa mémoire se brouillait. Elle reprit son *sprint*, traversa le jardin d'hiver, la cuisine, et monta les escaliers à la hâte.

Sur le palier, elle hésita, ses yeux fouillant le moindre indice.

– Qu'est-ce que tu fais là-haut, ma chérie ? l'interpela Mary, le pied posé sur la première marche.

– Je ne sais plus…

– Redescends, s'il te plaît. Nous pourrions préparer le déjeuner ensemble, qu'en penses-tu ?

– Oui.

Mais Léna percevait en elle un impérieux besoin. Ses sourcils s'arquèrent sous l'effort. Elle ne bougea pas d'un pouce. Ses jambes se mirent à trembler, sa tête à dodeliner, et ses paupières à frémir. Un léger tic étira trois fois le coin gauche de sa bouche.

– Ma puce…, souffla Mary rendue à mi-chemin. Calme-toi. Ne pense plus à Étaine et à cet homme, d'accord ? Tu te sentiras mieux.

« Aller dans la chambre ! »

– Je reviens ! lança-t-elle à la vieille dame.

En deux enjambées, elle combla la distance jusqu'à la porte où son prénom était inscrit avec de grosses lettres de bois coloré. La poignée lui échappa. Elle parvint à pénétrer dans la pièce après deux tentatives désespérées. Le battant claqua derrière elle.

Elle s'immobilisa. Oui, c'était bien son refuge. Elle reconnaissait certains objets et tous les post-it jaune vif qui tapissaient un mur entier.

Elle se rapprocha de la cloison face à son lit en bataille et parcourut les petits carrés collés de travers sur le papier peint à fleurs. Chaque mot trouvait son explication détaillée dans un carnet noir.

Je m'appelle Léna.

J'ai seize ans.

Lire tous les post-it chaque matin avant de se brosser les dents.

Mon planning est inscrit sur le tableau.

Un coup frappé à la porte la fit sursauter, et le paquet qu'elle tenait fermement contre son ventre glissa pour s'étaler sur les lattes en bois ciré.

– Je peux entrer ?

– Non !

Elle le ramassa et le fourra sous son oreiller.

– Que se passe-t-il ?

– Rien ! Je dois dormir !

– Mais non, voyons : c'est le matin... Et tu as accepté de m'aider à préparer le déjeuner !

– Le déjeuner ?

Léna consulta l'heure sur son réveil.

– Ah oui... Le déjeuner. J'arrive.

Elle quitta la chambre pour retrouver Mary. Celle-ci, le sourire aux lèvres, lui caressa les cheveux, lissa longuement une mèche entre ses doigts – un geste simple, mais qui l'apaisait rapidement.

– C'est fini. Nous ne sommes que toutes les deux, et rien ne viendra plus te perturber.

Léna hocha la tête, sans comprendre le sens de cette phrase. Elle ne voulait pas contredire cette vieille femme au visage si doux.

Son esprit partit alors sur le repas à cuisiner. Elle oublia la visite d'Étaine et le paquet sous son oreiller.

1

Le début du roman

L'antique horloge face au lit affiche midi passé.

Après y avoir jeté un œil, je remonte la couette jusque sous mon nez et referme les paupières, en me positionnant sur le côté, en fœtus. Un certain laps de temps m'est nécessaire pour me réveiller tout à fait. Une bonne partie de la nuit (comme les dix précédentes) à travailler sur mon futur roman, et mon corps me crache ses limites. Mais ai-je le choix ? Je dois rendre ce manuscrit dans un mois, même si je sais pertinemment que je ne pourrai honorer la date fixée.

Si je ne respecte pas le délai, mon éditeur réclamera l'avance versée un an plus tôt, et ce sera catastrophique. Mes six dernières parutions – des romans de science-fiction – n'ont connu qu'un succès restreint. « Pas de quoi fouetter un chat », comme dirait Étaine, ma sœur cadette. En tout cas, à peine de quoi faire bouillir la marmite, ce qui, pour moi, ne serait déjà pas si mal !

J'exerce un métier passionnant, et je suis libre de toute attache, bien que je me sois essayée aux « joies » du mariage... Le résultat a été comme mes livres, à la limite du fiasco.

Je glisse un bras hors de la couette et allume la lampe afin d'éviter que Morphée me happe de nouveau. Je patiente encore deux minutes, puis l'impérieuse envie de vider ma vessie est la plus forte. Je m'extirpe du confort douillet, me tortille en enfilant mon peignoir... à l'envers. Impossible d'aller plus vite ! Ma gestuelle ressemble à la danse désespérée de quelqu'un qui aurait des braises dans ses pantoufles !

J'abandonne l'idée de me couvrir pour me ruer aux toilettes, où je m'assieds lourdement en soupirant d'aise.

Enfin installée à mon bureau, je constate que deux heures se sont déjà écoulées. Tous les jours se découpent de cette façon. Le temps de me lever, de déjeuner, de faire un peu de sport, de me doucher... Le journal ! Je n'ai même pas lu le journal ! Un énième prétexte pour repousser le moment où je devrai me mettre à travailler. Mais je suis ainsi. J'ai besoin de tout ce rituel pour me poser définitivement : réviser mes notes de la veille, en rédiger quelques autres pour lancer la machine, et écrire encore et encore, pour finalement ne plus m'arrêter.

Je récupère le quotidien sur le pas de la porte et m'enfonce dans mon unique fauteuil pour le parcourir. Tiens, c'est quoi cette annonce ?

Le Centre de Recherche Life & Health recrute des personnes pour un important programme d'essais cliniques. Conditions physiques requises, places limitées, forte indemnisation.

J'ai déjà entendu dire du bien de ce centre de recherche, de son sérieux et de ses résultats encourageants dans le traitement de certaines maladies orphelines. L'annonce me fait malgré tout sourire. Il est rare d'en trouver dans le journal. Habituellement, les cobayes sont choisis à l'hôpital, non ? C'est ce qui pique ma curiosité… enfin, après la « forte indemnisation ». Un coup de fil pour en savoir plus, mais personne n'accepte de me renseigner à distance. Soit ! Je prends donc rendez-vous pour la fin de la semaine.

L'idée d'en parler à ma sœur cadette fait son chemin. Docteur en biologie, Étaine occupe, à tout juste trente ans, un poste haut placé dans un laboratoire de renom. À la grande fierté de la famille !

Le journal glisse avec souplesse sur le sol.

Mes parents… Ils ne m'ont jamais réellement comprise. Seule Mary, notre tendre gouvernante, m'a soutenue durant toute mon enfance. Mais je dois bien avouer que je n'ai jamais fait les choses de la vie dans le bon ordre, du moins celui établi par la société. Mes dix-neuf ans à peine fêtés, je quittais le domicile familial et laissais mes études en plan pour voyager aux quatre coins du monde, après avoir rencontré un homme deux fois plus âgé que moi – un avocat qui m'a rapidement passé la bague au doigt. Une fois de retour à New York, je me suis retrouvée confinée aux travaux domestiques dans une prison, dorée certes, mais une prison tout de même.

Les absences de mon époux, longues et répétées, ont eu l'avantage de me pousser à trouver refuge dans mon imagination.

C'est ainsi que l'écriture s'est imposée.

J'ai tenu dix ans dans ce mariage de pacotille, puis, avec quelques économies, je me suis évadée après avoir demandé le divorce. Évidemment, je n'ai rien obtenu de cette union, ni enfant, ni animal de compagnie, ni argent. Mes parents en ont fait des gorges chaudes durant plusieurs mois, ce qui m'a conduite à espacer très largement mes visites chez eux.

Je m'étire en bâillant bruyamment et me lève pour me caler à mon bureau.

Je suis seule. Aucune autre responsabilité que de m'occuper de ma petite personne. Je peux prendre ma vie en main comme je l'entends, sans rendre le moindre compte. Alors, pourquoi cette liberté sonne-t-elle faux ? Pourquoi ce poids dans mon cœur s'alourdit-il chaque jour ?

Devant mon carnet ouvert, je triture nerveusement mon crayon, le regard dans le vague, le cerveau en ébullition, accaparée non par mon manuscrit, mais par l'annonce du centre de recherche. Et si elle m'offrait une seconde chance ? Je serais prête à n'importe quoi pour tout reprendre à zéro…

Je reste à rêvasser, mon imagination voguant vers mille possibilités, plus belles les unes que les autres. Puis, subitement, je me mets à écrire. Les neurones affutés, je remplis sans relâche les feuilles vierges.

*

Cette courte lecture troubla Léna.

Elle referma le manuscrit. La présentation était claire et propre. La jeune fille caressa du bout des doigts le titre sur la couverture en carton souple : *Mémento*.

Léna était aussi méticuleuse que rigoureuse, et tout devait être à sa place. Voilà pourquoi elle n'avait pas attaqué le texte par son milieu ni ne l'avait survolé, encore moins s'était-elle précipitée sur la fin.

Respecter l'ordre, afin d'éviter les émotions trop fortes.

Mais son visage affichait une contrariété certaine. Elle fixa un long moment le manuscrit sur ses genoux. Elle devait se rappeler ce qu'elle avait lu, ainsi que l'injonction d'Étaine, qu'elle avait inscrite dans son carnet : *Ne pas montrer ce manuscrit à Mary.* Elle décida de noter un résumé de ce début, pour reprendre la lecture plus tard dans de bonnes conditions.

Aussitôt, elle se sentit mieux, elle était même surprise de se souvenir de tant de petits détails depuis le départ d'Étaine.

Elle dissimula le roman sous son matelas et nota où se trouvait la cachette dans le calepin qui ne la quittait jamais.

Avec sa mémoire défaillante, elle pouvait tout oublier d'un instant à l'autre.

2

Les Aigles Bleus

Léna ajusta le bracelet-balise qu'elle avait passé à son poignet gauche, enfila son pull, puis quitta la maison.

– À ce soir, ma chérie ! lui lança Mary par la porte de la véranda.

Elle traversait déjà le jardin pour récupérer, à travers champs, le raccourci vers le lac Kensico – un passage creusé au fil des ans par les promeneurs, qui menait au Centre des Aigles Bleus. Elle ne répondit à Mary que par un vague signe de tête. Elle tenait fermement contre son ventre, sous son lainage, un sac renfermant le manuscrit qu'elle comptait lire en toute quiétude au Centre. Là-bas, elle ne risquait rien. Personne ne viendrait lui poser de questions ni lui interdire quoi que ce soit. Pas comme Mary.

La piste débouchait sur le chemin longeant le lac. Léna s'arrêta, indécise. À droite ? À gauche ? Elle consulta le plan qu'elle avait elle-même dessiné – beaucoup moins encombrant qu'une carte. À droite. Parfois, elle arrivait à se remémorer la route à prendre. C'était une petite victoire sur son imbécile de cerveau.

Il lui suffisait maintenant d'avancer tout droit sur mille deux cents mètres. Pourtant, elle devait se forcer à ne penser qu'à son but ; le nez au vent, elle se déconcentrerait rapidement et se perdrait.

La propriété des Aigles Bleus avait été construite au cœur du parc Stonegate. Le grand portail en granit, surmonté des lettres éponymes en fer forgé, se découpa enfin devant Léna. Tous les matins, elle se demandait qui avait bien pu choisir ce nom et à quoi il correspondait. Mais elle oubliait chaque fois d'interroger le directeur.

Cette institution accueillait de jeunes patients, entre dix et seize ans, affectés par des troubles mnésiques sérieux, triés sur le volet, ou plutôt selon la grosseur du portefeuille familial. Certains progressaient, encadrés par une équipe brillante, et on ne les revoyait plus. D'autres, plus gravement atteints, passaient à l'étape supérieure dès leur dix-septième anniversaire : le Centre pour adultes. Les Aigles Noirs.

La longue bâtisse à trois étages était d'un blanc immaculé. Au dernier niveau se trouvaient les chambres des pensionnaires trop éloignés de leur domicile pour le réintégrer chaque soir. Au deuxième, les classes d'étude et d'apprentissage, les bureaux des surveillants. Enfin, au rez-de-chaussée, la salle commune qui faisait également office de cafétéria, les sanitaires, l'infirmerie, le cabinet du thérapeute et celui du directeur. Chaque pièce avait une couleur spécifique, laquelle était peinte sur le sol pour identifier facilement le chemin qui y menait. Toutes ces couleurs donnaient aux lieux une allure presque joyeuse.

Léna embrassa le parc d'un regard circulaire. La plupart des enfants et adolescents, un badge les identifiant bien visible sur leur poitrine, profitaient de la douceur du soleil printanier, avachis sur des bancs, jouant au ballon ou allongés sur la pelouse. Tout était paisible. Trop paisible pour Léna. Elle n'avait lié aucun contact avec les autres patients, et, à part les heures durant lesquelles elle participait aux tests et aux divers exercices pour renforcer ses neurones, elle s'ennuyait.

Léna épingla son badge à son vêtement, puis elle foula l'herbe encore un peu humide de rosée sur une vingtaine de mètres, pour s'asseoir le dos contre l'écorce rugueuse de l'arbre le plus gros et le plus éloigné de la bâtisse. Son arbre. Un hêtre vénérable, un tortillard de près de trois cents ans, à la ramure généreusement fournie et étagée. Une fois installée, Léna soupira d'aise. Le stress du trajet diminuait autant que sa concentration, et c'était un délice de laisser enfin voguer son esprit, le visage levé vers le ciel cotonneux. Elle adorait contempler les moutons ouatés qui y dérivaient. Elle aurait tant aimé s'y blottir pour y trouver la paix.

– Coucou !

Léna sursauta et se tourna vers l'intruse.

– Ça va ? Tu fais quoi ?

Elle fronça les sourcils, tentant de se souvenir de cette crevette pas plus haute que trois pommes qui, vu sa taille, ne pouvait être dans le Centre que pour rendre visite à quelqu'un.

– Rien.

– Cool !

– Myrtille ! Tu peux venir, s'il te plaît ? héla une femme en blouse blanche.

– Tu veux bien être ma maman ? demanda soudain la fillette, ignorant la requête.

– Hein ?

– Ben vi, j'ai plus de maman, pi tu lui ressembles !

– Myrtille !

– Dis oui… s'te plaît, s'te plaît, s'te plaît !

Sa voix chevrotait, et ses grands yeux verts s'étaient embués.

– Mais…

– Myrtille !

L'infirmière se trouvait à un mètre d'elles. Elle s'approcha encore jusqu'à poser une main sur l'épaule de la gamine.

– Bonjour, lança-t-elle, s'adressant à Léna avant de se tourner vers Myrtille. Nous sommes ici pour visiter ton nouveau centre. Tu reviendras plus tard discuter avec…

Elle s'interrompit pour lire le prénom collé sur le vêtement de la jeune fille.

– Léna.

– Elle veut pas être ma maman ! gémit la petite.

– Tu as déjà une maman. Elle n'est plus là, mais…

– Ah bon ? Chic ! J'ai une maman ! J'ai une maman ! scanda joyeusement Myrtille en sautillant sur place, sans plus rien écouter.

Alors que la femme secouait la tête d'un air las, la gamine se pencha vers Léna et lui claqua une bise sur la joue.

– À tout à l'heure, maman, chuchota-t-elle au creux de son oreille.

Elle se redressa, examina les alentours et arqua les sourcils avec une moue innocente.

– On est où ?

– Aux Aigles Bleus. Le nouveau Centre. On va le visiter ?

– Oui, oui, oui !

Léna les regarda s'éloigner, abasourdie : cette nouvelle patiente ne pouvait pas avoir dix ans ! Elle griffonna le prénom *Myrtille* dans son carnet ainsi qu'une description physique de la fillette. Elle imaginait que, de son côté, la petite l'aurait vite oubliée. Elle ferma les paupières pour tenter malgré tout d'imprimer le visage de Myrtille dans son esprit. Ses grands yeux émeraude, ses longs cheveux roux coiffés en deux nattes qui encadraient ses traits fins, à la manière de Laura… Laura ? Qui était Laura ?

Les globes oculaires de Léna s'agitèrent, sa bouche se crispa.

Laura Ingalls, héroïne et auteur de *La petite maison dans la prairie*.

Ce souvenir fugace était si vieux qu'elle en frissonna. Comment pouvait-elle voir la silhouette d'une enfant vivant au temps du Far West alors qu'elle ne se souvenait même pas de son petit déjeuner ?

La sonnerie brisa sa réflexion : il était l'heure d'intégrer le premier groupe de la journée, dans l'immense bureau de la neuropsychiatre. Il s'agirait de relater le week-end passé, sans l'aide de son calepin, mais Léna ne voulait en aucun cas mentionner Étaine et son roman. Et, de toute façon, durant ces discussions, elle ne parlait jamais ou presque.

Elle fut la dernière à pénétrer dans la salle.

Douze patients étaient assis sur des chaises installées en rond, épousant la forme de la pièce. La thérapeute s'immisça dans le cercle comme si elle participait elle-même à la réunion. Les enfants les plus agités se balançaient de gauche à droite ou se mordaient les lèvres, selon le niveau de tension que provoquait le récit du moment. D'autres, l'air absent, semblaient s'être évadés par l'une des fenêtres closes et striées de stores métalliques.

Léna détailla chacun en s'interrogeant sur les raisons de leur présence dans ce lieu, et sur celles de ces séances interminables qui la laissaient régulièrement effrayée ou attristée.

Était-elle folle ? Étaient-ils tous fous ?

– Je suis restée dans le jardin, déclara-t-elle quand ce fut son tour.

Elle croisa les mains sur ses cuisses et imita la « catégorie des évadés » : elle tourna la tête vers la vitre sur sa droite. La thérapeute patienta quelques secondes, espérant une suite, mais Léna conserva la même posture. L'heure se poursuivit avec le témoignage d'un adolescent à sa gauche.

– J'ai plongé dans la piscine…

Non seulement Léna participait peu, mais elle n'écoutait qu'à peine. Elle avait l'impression de s'évaporer à mesure que la réunion s'éternisait.

– Bien, je suis très satisfaite de vos progrès, annonça la neuropsychiatre au bout d'un moment. Quelqu'un souhaite-t-il ajouter un commentaire ?

Léna revint brutalement dans la réalité. La séance venait-elle de commencer ou était-elle finie ? Son regard fut attiré par un mazagran posé sur le bord d'une des fenêtres.

« J'ai soif, je siroterais bien un thé… J'aime bien le thé vert à la bergamote. »

– Vous pouvez profiter du parc ou aller à la cafétéria.

Tout le monde se leva.

Presque.

Léna hésitait.

– Léna ? Tu veux me faire part de quelque chose ?

– Je ne sais pas. Je crois que j'ai soif.

– Alors, tu peux aller à la cafétéria.

– Est-ce qu'il y a du thé, à la cafétéria ?

– Du thé ? s'étonna la thérapeute. Tu ne préférerais pas un soda ou éventuellement un chocolat chaud ?

– Si, peut-être.

Sur ces mots, Léna détala vers la sortie, heurtant le médecin resté sur le seuil de la porte, puis elle suivit le parcours coloré pour, enfin, courir à l'air libre. Droit vers son arbre. Elle s'y adossa, laissant l'impression de malaise derrière elle, offrit son visage aux rayons du soleil et s'abandonna jusqu'à glisser sur l'herbe.

– Bouh !

Léna se figea. Myrtille l'avait attendue, cachée derrière le tronc tortueux, et venait de se montrer d'un grand bond.

– T'étais où, maman ?

– Je ne suis pas ta mère, bougonna Léna en hésitant sur la conduite à tenir.

– Je m'appelle… Myrtille ! dit l'importune en se contorsionnant pour lire l'étiquette qu'on avait collée à son lainage délicat.

– Je sais. Bon, tu me laisses tranquille maintenant.

– Pourquoi ? On est copines.

– Non, on n'est pas copines. On ne se connaît même pas.

– Si. On s'est vues tout à l'heure.

Léna fixa la fillette intensément, puis détourna le regard vers la bâtisse dans l'espoir de repérer la femme à la blouse blanche.

– Alors, on est copines ? Hein ?

– Oui, oui, c'est ça, capitula Léna pour avoir la paix.

Myrtille se posa lourdement sur le sol, les jambes en tailleur.

– On fait quoi ?

– Rien.

– Tu veux jouer ?

– Mais quel âge tu as ? lança Léna, agacée.

La gamine sortit une large médaille rectangulaire accrochée à une fine chaîne en or autour de son cou.

– Dix ans ! répondit-elle fièrement en montrant les gravures sur le bijou.

Y étaient également inscrits ses nom et prénom, sa date de naissance complète, son adresse et un numéro de téléphone.

– Je me perds souvent, gloussa-t-elle.

Léna était sceptique. Le comportement de Myrtille était celui d'une enfant de sept ou huit ans à peine. Quelle maladie pouvait bien la faire régresser autant ?

– Dis, pourquoi le Centre s'appelle les Aigles Bleus ? Ç'aurait été mieux les Poissons Rouges !

Devant l'air incrédule de son interlocutrice, la fillette ajouta :

– Ben oui ! On a autant de mémoire que des poissons rouges !

Elle éclata de rire tandis que Léna affichait une intense consternation. En fait, elle se demandait si la nouvelle était bien malade. Ses accès de raison, en comparaison avec son immaturité, étaient assez étonnants.

– Hé, tu la connais, celle-là ? Les petits-pois-sont-rouges ! Hihihi…

– Écoute, Myrtille, je veux bien que tu restes avec moi uniquement si tu te tais.

– Pourquoi ?

– J'aimerais lire.

– Lire ? Mais pour quoi faire ? On ne retient rien.

Elle parlait avec une légèreté et un naturel désarmants.

– Tu te tais ou tu t'en vas, imposa Léna d'un ton sans appel.

D'un mouvement de la main à un centimètre de ses lèvres pincées, la gamine imita une clef que l'on tourne pour assurer qu'elle n'ouvrirait plus la bouche, et jeta derrière elle l'objet imaginaire. Léna extirpa le manuscrit de son sac et s'allongea à plat ventre dans l'herbe. Elle consulta ses notes pour s'assurer qu'elle n'avait rien perdu du chapitre précédent, chercha sa page, puis elle la caressa du bout des doigts.

Myrtille l'observa, une certaine excitation au fond de ses pupilles. Elle se tortilla un temps en silence, puis n'y tint plus. Du bout de l'index, elle tapota l'épaule de Léna pour attirer son attention, avant de mimer son impossibilité de parler et l'envie qui l'en démangeait pourtant.

– Quoi, encore ?

– Tu veux bien lire tout haut ? dit-elle d'une traite.

– Si ça te fait plaisir, mais tu vas tout oublier.

– C'est pas grave, ça. Toi aussi.

Léna aurait bien rétorqué quelque chose, mais à quoi bon ?

– Allonge-toi près de moi et reste tranquille !

Myrtille s'exécuta docilement, sur le dos, les bras croisés sous la nuque. En vérité, sa présence ne déplaisait pas à Léna, bien au contraire. Un moment de partage, comme elle n'en avait pas eu depuis… depuis une éternité.

Pour captiver la fillette, elle lui résuma le premier chapitre.

Elle aimait se donner l'illusion qu'elles étaient « normales ».

Myrtille acquiesça du menton avec un air sérieux et concentré. Quand Léna entama la lecture, sa nouvelle complice ferma les yeux, un large sourire étirant ses lèvres.

3

Le programme J.E.

Les rues de New York défilent sans que je les voie réellement, absorbée par le morceau classique dans mes oreilles et bercée par le cahotement du bus. Alors que nous abordons la Première Avenue, je coupe la musique et passe nerveusement une main dans mes cheveux mi-longs, cuivrés à l'origine et que je teins en blond depuis qu'y sont apparus des fils argentés. Le Centre de Recherche Life & Health – un immense bâtiment anguleux, tout de verre habillé – se découpe au loin.

J'observe la revue sur mes genoux. Sur la quatrième de couverture, une publicité vante les mérites d'une crème miraculeuse contre les affres du temps. Je déteste le matraquage commercial, et je laisse échapper un ricanement intérieur. Dire qu'il y en a pour gober de telles absurdités !

OK, je me teins les cheveux et, comme tout le monde, j'ai déjà essayé ces produits. Mais j'ai bien vite compris que les effets sont loin des fantastiques promesses publicitaires ! Non seulement ils coûtent une fortune et ne servent à rien, mais ils comportent souvent des composants potentiellement dangereux ! Mais, voilà : aujourd'hui la course à la jeunesse, et la chasse aux rides et à l'épiderme flasque s'intensifient. En matière d'esthétique, les belles et saines avancées se comptent sur les doigts de la main, à des prix exorbitants. Pourtant, on en veut plus, toujours plus, pour tenter de retrouver ce corps et cette peau d'antan, à l'époque bénie de la vingtaine. Le slogan « un esprit sain dans un corps sain » s'est transformé en « un esprit jeune dans un corps jeune ». L'apparence de la jeunesse est devenue plus qu'une obsession : c'est un idéal à atteindre.

Le bus s'arrête.

Je range mon magazine et descends du véhicule pour me fondre dans la masse humaine qui foule le trottoir d'un pas rapide. Je n'aime pas ces flots oppressants, aussi je m'engouffre sans m'attarder dans l'immense bâtiment qui exhale sa liqueur de Dakin. Je me présente à l'accueil du deuxième étage, où la secrétaire me donne une fiche de renseignements à compléter.

La salle d'attente – un vaste hall délimité sur trois côtés par des panneaux translucides – est meublée de confortables causeuses et sofas en vachette bordeaux, parsemée de tables basses en marqueterie movingui et acajou. Dans le dernier mur se découpe une grande baie vitrée, qui s'ouvre sur un patio de verdure.

J'avise une méridienne tout au bout de la pièce, loin des autres personnes qui patientent, et je m'y installe pour remplir le formulaire. Antécédents familiaux, anciennes maladies contractées, ce genre de questions...

Après une grosse demi-heure, un homme en blouse blanche annonce :

– Dossier 147K, veuillez me suivre, s'il vous plaît !

Je jette un œil au document sur mes genoux. C'est mon tour. N'être qu'un numéro me fait grincer des dents, mais je suis sans protester la blouse blanche qui me conduit dans un cabinet démesuré. Un bureau surmonté d'une plaque de verre et trois fauteuils rigides en cuir couleur crème. Aucune décoration. Aucune chaleur.

– Asseyez-vous, un médecin va vous recevoir.

J'obtempère, quelque peu intimidée et nerveuse : même quand on n'est pas malade, un cabinet médical n'est pas un endroit serein. Je patiente encore dix minutes avant qu'un homme, la cinquantaine bien tassée, mais à l'allure sportive et les cheveux teints, se manifeste.

– Bonjour, lance-t-il en me serrant énergiquement la main.

Il me sourit (sa peau est à peine marquée par le temps !) et s'installe derrière son bureau. Il parcourt rapidement les informations inscrites sur le formulaire que je lui ai tendu.

– Me permettez-vous de vous appeler par votre prénom ?

– Oui, je préfère. Merci.

– Bien ! Avez-vous déjà entendu parler du programme Jeunesse Éternelle ?

Il guette ma réaction, l'œil brillant.

– Non.

– Nous avons mis au point un sérum qui ralentit le développement des cellules sénescentes au profit de l'expansion des cellules souches, poursuit-il, l'air dépité par mon manque d'exaltation. Nous recherchons des sujets sains, au sommet de leur vie – si j'ose dire –, et disponibles sur une longue période pour tester ce nouveau produit révolutionnaire qui fera des miracles. Ce projet est la propriété de mon équipe, et ce laboratoire, ajoute-t-il en écartant largement les bras, nous héberge pour pouvoir l'appliquer. Nous sommes douze chercheurs et médecins, de différentes nationalités.

Je me garde d'afficher mon étonnement. J'avais imaginé toutes sortes de scénarios, toutes sortes de molécules à tester pour faire avancer la science et combattre quelques maladies encore incurables. Mais certainement pas ça ! La grande mission de ce laboratoire serait aussi de s'ériger contre l'inéluctable vieillesse ?

– Dois-je interrompre ce premier rendez-vous, ou êtes-vous intéressée ?

– Continuez, je vous en prie.

Même si je suis désappointée, je dois bien avouer que cette mise en bouche a piqué ma curiosité...

– L'étude se fera sur trois ans. Votre sécurité et votre bien-être sont notre priorité. Avant toute chose, nous réaliserons un examen médical complet pour vérifier s'il n'existe aucune contre-indication à une éventuelle participation au programme. Une surveillance clinique tout au long du processus sera assurée par mon équipe, spécialement formée, à laquelle vous pourrez faire part de vos remarques ou inquiétudes. Je ne vous cache pas le nombre important de candidats pour cent places. Il est bien entendu que nous devrons respecter une confidentialité réciproque sur ce programme. Vous ne dévoilerez rien de ce projet tant que les résultats définitifs ne seront pas publiés, et, de notre côté, nous garderons définitivement votre identité secrète. Si vous vous engagez, vous ne pourrez plus démissionner. Le traitement à proprement parler s'étale sur une année, puis vous serez suivie à raison d'un rendez-vous par trimestre pendant deux ans afin de contrôler le ralentissement de vos cellules vieillissantes. À l'issue de ces trois années, nous ne serons plus liés, et le contrat sera caduc. La rémunération couvrira vos besoins sur toute cette période, à raison de trois mille dollars mensuels.

J'écoute ces informations sans avoir le temps de tout assimiler, encore moins de poser des questions.

– Un dernier point crucial, poursuit le médecin en croisant les jambes. Êtes-vous prête à subir une stérilisation ? Le protocole l'exige.

Je bégaye, déstabilisée :

– Euh… oui… oui.

Il plante ses coudes sur le bureau.

– Avez-vous des enfants ?

– Non.

Il grimace avant d'expliquer :

– Comme vous êtes encore en âge de procréer, réfléchissez bien avant de prendre votre décision. Ensuite, il sera trop tard.

Puis il sort un formulaire d'une chemise cartonnée.

– Veuillez signer ce document vous engageant à ne rien divulguer de ce programme à partir de cet instant, que vous soyez des nôtres ou non.

Je m'exécute, le cerveau un peu embrumé. Le médecin range la feuille et s'adosse, les bras croisés derrière la nuque.

– Parlez-moi de vous, maintenant.

Je passe le reste de l'entretien entre confidences, bilans sanguins, radios, IRM, divers tests mécaniques et de mémoire, E.C.G., etc. Il est déjà l'heure de dîner quand je quitte le Centre de Recherche, un peu angoissée et écœurée. Je n'ai plus qu'à patienter dix jours pour savoir si je serai retenue parmi le premier groupe des candidats. Dix jours... J'aurai largement le temps d'étudier le pour et le contre pour prendre ma décision. Pour le moment, c'est la rémunération qui pèse le plus lourd dans la balance. Un salaire appréciable pendant trois ans... De quoi écrire tranquillement, sans s'inquiéter...

Je hèle un taxi – tant pis pour mon compte en banque – et indique l'adresse du restaurant où ma sœur m'attend.

*

– C'est un programme de... quoi ? s'écrie Étaine.

La fourchette pleine reste en suspens à dix centimètres de ses lèvres. Quelques coups d'œil désapprobateurs convergent vers elle, mais ils se détournent aussitôt devant mon air furibond.

– Ça va, on est au restau pas dans une bibliothèque !

– C'est un programme de quoi ? répète Étaine, plus doucement, toujours dans la même posture, les sourcils hauts sur le front.

– Tu as bien entendu : Jeunesse Éternelle, dis-je en dégustant mon poulet au gingembre que je trouve particulièrement savoureux.

Je pose mes couverts dans l'assiette, attrape la main gauche de ma cadette et plonge mon regard dans le sien, le buste légèrement penché en avant.

– Je n'ai pas dit que je participerai à ce programme. Il faut encore que je réfléchisse. Je suis auteur de SF, après tout. Ça pourrait être une expérience intéressante à caser dans un futur roman.

Je m'adosse pour conclure, faussement blasée :

– Un roman qui, pour une fois, pourrait me rapporter du fric...

– C'est donc ça..., grogne Étaine.

– Oui, et alors ? Ce programme est très bien payé. Quel mal il y a à ça ? J'en ai marre de galérer avec mes maigres droits d'auteur. Tu comprends ?

Étaine s'étrangle et retire vivement ses doigts prisonniers.

– Tu ne fais jamais rien comme tout le monde, Shanel. Tu as pris beaucoup de risques dans ta vie et, aujourd'hui, à quarante ans, tu es prête à participer à des essais cliniques pour du fric ! Tu as dix ans de plus que moi, mais parfois je me demande bien laquelle de nous deux est la plus âgée !

Je me garde bien d'ajouter qu'il n'y a pas que ça... Comment dire à ma sœur que, comme tout le monde, j'ai peur de vieillir et de finir seule, alors que je ne me l'avoue qu'à moitié ?

Elle mastique longuement, une ride de réflexion creusée entre les sourcils.

– Putain ! s'exclame-t-elle enfin. Jeunesse Éternelle ?!

– Chuuuut ! Je n'ai même pas le droit de te le dire ! Tiens ta langue, OK ?

– C'était donc vrai...

– Tu en as entendu parler ? m'étonné-je. C'est pourtant hyper secret.

– Des bruits courent, il y a eu des fuites, mais je ne voulais pas y croire. Je te déconseille de t'engager dans cette étude foireuse. Je suis certaine que c'est une bombe à retardement !

– Calme-toi. Je voulais juste avoir ton avis de scientifique. Tu es la seule que je connaisse dans ce milieu.

Étaine recule sur sa chaise, une moue dégoûtée déformant sa bouche.

– Ah, OK. En fait, ce n'est pas ta sœur que tu as invitée à dîner, mais la biologiste. Sympa.

– Mais non, je suis ravie qu'on se retrouve, ça faisait un bail.

– Te fatigue pas, va.

Elle jette sa serviette sur la table.

– Tu voulais mon avis ? Tu l'as ! Oui, j'ai entendu parler de J.E. Une expérience ambitieuse avec de gros moyens, controversée parce que la plupart des animaux de laboratoire n'y ont pas survécu. Mais, bien évidemment, tu ne trouveras rien : tout est sous secret. Fais attention à toi. Enfin, comme de toute façon, tu ne m'écouteras pas...

Les pieds de sa chaise raclent le sol quand elle se lève.

– Rappelle-moi le jour où tu seras moins égoïste.

– Étaine, voyons, c'est ridicule.

– TU es ridicule ! Tu as pris des nouvelles de maman et papa dernièrement ? Et moi ? Tu m'évites depuis près de huit mois... Huit mois, Shanel ! Sans que je sache pourquoi ! Et tout ce qui t'intéresse chez ta propre sœur aujourd'hui, ce sont ses connaissances scientifiques !

Je me raidis avec une moue un peu penaude.

– Pour les parents, sans commentaire. Tu sais pourquoi je les fuis.

– Oh ! Mais rassure-toi ! Je leur ai fait tout autant la morale !

Étaine ajuste la bretelle de son sac à main sur son épaule et plie sa veste sur son avant-bras.

– Étaine, reste... s'il te plaît. Je suis désolée.

– Trop tard. J'en ai assez de ton narcissisme. Salut.

Elle se faufile entre les tables et disparaît derrière la lourde porte.

– Vous désirez autre chose ? s'enquiert le serveur planté devant moi.

– Non, je crois que j'ai ma dose pour aujourd'hui.

L'homme débarrasse les assiettes avec un air pincé.

– Ça va ! Décoincez-vous ! Je ne parlais pas de la nourriture !

Il hausse un sourcil d'incompréhension avant de se diriger vers la cuisine.

– Ce crétin vient de perdre la moitié de son pourboire...

Je vide mon verre de vin d'une traite et réfléchis un court instant aux paroles de ma sœur. Elle a sans doute raison... Mais ma vie a filé tellement vite ! Je rêve d'une deuxième chance pour enfin goûter au bonheur que certains décrivent comme un trésor. Et si J.E. me l'offrait sur un plateau d'argent ?

Après tout, j'y ai droit, moi aussi ! Mes trente premières années ont été régentées par mes parents, puis par mon ex-mari, et durant les dix dernières, je me suis barricadée pour ne plus tomber entre les griffes de ce genre de personnes. Ça suffit. Les erreurs sont derrière moi. Je dois avancer.

En sortant du restaurant, je suis accueillie par un ciel voilé et un vent froid qui s'engouffre dans les rues en mugissant. Je relève le col de ma parka jusque sur ma bouche. J'hésite à rentrer à pied, prendre le bus ou déguster un whisky dans le bar le plus proche, histoire de digérer tout cela. J'opte pour la première solution et parcours la distance à grandes foulées.

Quand je verrouille la porte de mon appartement, la nuit inonde la ville de son encre sombre depuis un bon moment. Je balance veste et sac sur le vieux fauteuil élimé de l'entrée, me déchausse et file dans la salle de bains pour remplir la baignoire. J'ai une terrible envie de me délasser dans une eau parfumée bien chaude, de fermer les yeux et de ne plus penser à ma misérable vie sans attache.

La solitude, le point noir de mon existence sans saveur.

À la cuisine, je me verse un verre de vin blanc moelleux – les lumières de la rue éclairent mon intérieur vide et silencieux. Je trempe les lèvres dans le breuvage sucré et observe la silhouette que me renvoie la large baie vitrée.

J'y suis belle. Un corps élancé, des jambes fuselées, des courbes presque parfaites, quelques taches de rousseur rehaussant un teint laiteux, et des iris aussi limpides qu'un lagon dans le Pacifique.

Dans ce reflet, aucune ride, aucun défaut. L'image floue de ma jeunesse envolée. Mais ce n'est qu'un leurre, qu'une atroce mascarade. La vérité patiente dans le miroir ovale de la salle de bains. Des sillons chiffonnent mon visage, durcissent ma bouche et mon regard, ma peau s'affaisse, ma taille s'empâte malgré moi, ma poitrine accuse la loi de la gravité.

Bien sûr, j'attire encore les hommes, mais je veux plus. Je veux la vie devant moi, pas une chute libre vers l'inéluctable. Je comprends mieux cet adage de Confucius qui me paraissait ridicule à vingt ans : « On a deux vies, et la deuxième commence quand on se rend compte qu'on n'en a qu'une. » Je veux que la mienne débute avec ce programme tombé du ciel. Je ne suis pas encore bonne à mettre à la poubelle !

– Une seconde chance... Celle de tout effacer pour mieux repartir.

Du bout des doigts, je caresse mon coffre secret, en bois de rose et parfumé à la résine de benjoin. Lui qui trône sur cette console du salon depuis dix longues années. Lui qui renferme mes erreurs et me rappelle chaque jour une vie révolue. Lettres et photos, ma vieille robe préférée, témoin silencieuse de tant d'événements secrets, une mèche de cheveux et un bracelet en plastique blanc.

En somme, un cercueil de trente-six centimètres sur vingt-quatre, et haut d'une douzaine de centimètres.

Peut-être est-il temps de l'enterrer et d'avancer ?

J'avale mon vin d'une traite, pose le verre dans l'évier, et m'enferme dans la salle de bains.

Seule.

4

Voltàn

Vingt-trois heures carillonnent.

L'annonce de la pause pour l'équipe de nettoyage à l'abattoir du vieux McGregor, un homme bon, mais intraitable sur la qualité de la besogne qu'il exige de ses employés. Après avoir entendu les anecdotes que ses collègues débitent sur leurs anciens patrons, Voltàn sait qu'il a eu de la chance d'être embauché ici.

Il s'éclipse pour profiter de la nuit froide. L'air est irrespirable à l'intérieur, et il a beaucoup de mal à travailler enfermé. Une fois dehors, il s'étire, marche une dizaine de mètres pour s'asseoir sur deux pneus empilés, rongés par l'usure du temps, et il lève le nez vers la lune légèrement voilée.

Ses racines lui manquent, même s'il se sent bien dans ce pays. Le pays des Blancs, des « *T'surs* » comme on dit dans sa langue. Ici, il est libre, peut-être un peu trop, mais cela le change des coutumes ancestrales du peuple lacandon.

Le jour où son épouse, Yon, est morte en accouchant de leur deuxième fille, tout s'est effondré pour Voltàn. Son amour parti rejoindre le Monde Antérieur, l'envie de fuir sa tribu s'est imposée en lui, et il a longuement réfléchi, invoquant l'aide de son totem pour faciliter sa décision. Jamais il ne s'est senti aussi lâche qu'au moment où il a informé Luv'ku et Ix Chel de son choix de s'exiler sans ses deux enfants.

Les petites ont été confiées à leur grand-mère, Luv'ku, et Voltàn a quitté la forêt pour la civilisation des *T'surs*. C'était il y a un an. Il n'en avait que dix-huit. Sans argent, dans une tenue vestimentaire des plus simples, il a enduré un voyage difficile, semé d'embûches, mais également de belles rencontres.

Depuis six mois, il vit dans un foyer à New York. Il travaille la nuit dans cet abattoir et assiste à des cours dans la journée pour apprendre à parler, lire et écrire en anglais. Il tente d'assimiler les coutumes des *T'surs* et de s'adapter à un mode de vie bien différent de celui des *Hach Winik*[1]. Il espère être bientôt capable d'exercer un métier plus intéressant et qui lui permette de posséder son propre logement.

Voltàn inspire profondément et exhale une fine fumée blanche. Ses phalanges sont engourdies. Il les porte devant sa bouche et souffle sur chacune d'elles pour leur donner un semblant de chaleur. Aussitôt, les grands yeux de sa deuxième fille lui apparaissent en pensée.

Son cœur se gonfle.

Elle doit savoir marcher, maintenant.

Il se souvient d'elle, âgée d'à peine quelques jours, déjà orpheline de mère, fourrant son petit visage dans la tiédeur de

---

1. Les Vrais Hommes.

son cou, agrippant sa peau de ses doigts minuscules. Comment oublier cette douceur, cette jeune vie si fragile ? Désormais, il est seul dans un monde à l'opposé du sien. Il aurait aimé vieillir auprès de son épouse, voir ses enfants grandir, mais les Esprits en ont décidé autrement.

Et il se retrouve là, assis sur des pneus, parmi des Blancs qui le regardent parfois avec une curiosité voire une aversion mal dissimulées.

Son épiderme est sombre, ses traits durs, ses yeux et ses cheveux couleur charbon, et il parle avec un accent qui rend souvent ses phrases incompréhensibles. La femme qui lui enseigne l'anglais le rassure, ne cesse de lui dire qu'il progresse. Cela le motive. Au foyer où il loge provisoirement, il préfère le dortoir à dix lits – l'habitude de vivre en communauté. Ainsi, il se sent moins seul.

– Oh ! Voltàn ! On y retourne, crie une silhouette dans la nuit.

Le Lacandon se lève pour rejoindre son équipe. Dès qu'il entre dans l'abattoir, ses narines palpitent. Quelle puanteur ! Et tout ce sang, ces boyaux, cette merde ! La façon dont les *T'surs* s'alimentent le répugne. Des animaux élevés en prison pour être égorgés sans pitié ni remerciement à la Terre Mère, consommés sans se soucier du trop-plein. Ici, tout est abondance et excès. Certains anciens blancs lui ont pourtant affirmé que des efforts avaient été engagés depuis le début de ce siècle. Mais la route est longue, et le profit salit tout.

Sa toute première surprise, à son arrivée dans ce pays, a été ces immenses magasins dans lesquels les hommes et les femmes, souvent accompagnés de leur progéniture, se rendent pour acheter leur nourriture en poussant de profonds chariots.

Pas besoin de chasser, de cultiver les champs. Une facilité à la fois excitante et déconcertante.

Voltàn a beaucoup de mal à s'y faire et à comprendre. Mais, pour être accepté, il faut s'adapter.

– Voltàn ! J'te paie pas pour rêvasser, alors bouge tes fesses !

Il obéit et se remet à son poste en tentant de canaliser son esprit pour l'empêcher de s'envoler à nouveau.

De retour au foyer, terrassé par la fatigue, il n'a pas le courage de prendre une douche. Il place sous sa langue une miette de la feuille médicinale qu'il a emportée avec lui quand il a quitté l'Amérique Centrale. Elle lui permet de s'enfoncer dans un sommeil exempt de songes et réparateur, aussi court soit-il. Voltàn se coule sous les draps rugueux et prête l'oreille, comme chaque nuit, au concert de ronflements.

Cinq heures du matin.

D'ici une heure, certains se lèveront pour aller travailler à leur tour. Lui, il dormira trois heures avant de se rendre à ses cours. Il glisse la main sous son traversin et tâte la petite amulette de cuir qu'il y a dissimulée. Il ne la porte plus autour du cou de peur de la perdre. À quoi bon ? Elle ne lui est plus d'aucune utilité dans sa nouvelle vie, dans ce Nouveau Monde. Cependant, il ne peut se résoudre à la jeter. Pas encore, tout du moins. Peut-être un jour. À l'effigie de son totem, ce talisman reste le dernier lien qu'il a avec ses filles et les Lacandons.

Il replace ses bras sur sa poitrine et ferme les yeux.

Il ignore qu'il va bientôt me rencontrer.

*

Quand j'ouvre l'enveloppe tamponnée par le Centre de Recherche Life & Health, mon cœur bat la chamade. Je dégage doucement la missive, en essayant de contenir mes tremblements. Dix jours. Pas un de moins, pas un de plus. Dix jours à attendre, à tenter vainement de m'occuper en écrivant. Ce qui n'a pas été un franc succès ! En tout et pour tout, trois misérables chapitres. Même pas trente mille signes. Si mon éditeur savait cela, il s'arracherait les cheveux ! Mon esprit était trop accaparé par ce programme, par cette nouvelle perspective d'avenir...

Je déplie les feuilles et lis en diagonale jusqu'à repérer le point essentiel.

– YES ! Yes, yes, yes !

Je jette la lettre en l'air, saute sur place, tourne sur moi-même et m'écroule sur le sofa en riant. Il me faut quelques minutes pour redescendre de mon petit nuage euphorique. Une fois calmée, je ramasse le courrier et le déchiffre plus attentivement. Un premier rendez-vous pour prendre connaissance du protocole, établir un planning et remplir les documents nécessaires pour le paiement.

Dans deux jours.

Pour le moment, j'ai envie de partager ma joie. Mais avec qui ? Je n'ai personne sous la main... Tant pis, cela ne va pas m'empêcher de profiter ! D'autant qu'il fait un temps magnifiquement doux pour cette journée de fin d'hiver.

Un pique-nique dans Central Park fera l'affaire.

Dans mon cabas, j'entasse une couverture, un livre, mon carnet et un crayon, ainsi qu'une grande bouteille d'eau. En chemin, je fais une brève escale au restaurant chinois pour acheter mon repas et un sachet de nougats que j'avale goulument en guise d'apéritif. Une fois sur l'herbe, j'offre ma peau au soleil en songeant que, d'ici quelques mois, elle sera plus jeune. Mes poils en frisent d'excitation... Est-ce que l'expérience va marcher ? À quel point vais-je rajeunir ?

Une ombre masque la lumière.

Une silhouette me fait face.

La main en visière, je distingue à peine l'intrus.

– Pardon, dit une voix avec un fort accent que je ne reconnais pas.

L'apparition se décale sur le côté, et je peux enfin la détailler. Un homme à peine adulte, très mince, presque maigre, l'épiderme doré comme du caramel, l'iris noir, les cheveux corbeau, se tient droit comme un « i », les poings sur les hanches.

– Pardon, répète-t-il. Je voulus feuille et crayon pour écrire rue. J'ai besoin, s'il te plaît. Avez ?

– C'est une blague ?

– Pourquoi ?

– Il y a plein de promeneurs autour de nous et vous me choisissez, moi. Jamais vu un plan drague aussi nul !

– Drague ?

Je fronce les sourcils, me redresse pour m'asseoir et mieux dévisager l'inconnu. Il paraît perdu et... honnête.

– J'ai dit à gens, mais pas aider. Vous a papier ou non ? Je voulus pas déranger vous, mais j'ai besoin vite.

Il parle, les yeux rivés au sol.

– Quelle idiote je fais, n'est-ce pas ? dis-je, honteuse. Quel âge as-tu ?

– Dix-neuf ans.

Qu'est-ce que je me suis imaginée ? C'est un gamin, à peine la moitié de mon âge !

– Tu as un bel accent. D'où viens-tu ?

– Loin dans forêt, sur terre Maya. Lacandon. Je m'appelle Voltàn.

– Lacandon ? C'est le nom de ton peuple ?

Je suis de plus en plus intriguée. Voltàn agite le menton pour acquiescer.

– Moi, c'est Shanel.

Je tends la main vers lui ; il l'accepte en souriant. Je le trouve sympathique et authentique. Une vraie bouffée de fraîcheur !

– J'ai reçu une merveilleuse nouvelle ce matin, mais je n'ai personne avec qui fêter ça. Je serais ravie de partager mon repas avec toi.

Le jeune homme scrute les alentours, incertain, mais rencontrer des personnes aussi chaleureuses, qui ne le dévisagent pas comme une bête curieuse, est un événement rare.

– D'accord. Mais je vraiment besoin feuille et crayon.

– Ah oui, c'est vrai !

Je fouille dans mon sac et arrache une page de mon carnet. Aussitôt, Voltàn note une suite de mots compréhensibles de lui seul, me rend le crayon et glisse le morceau de papier dans la poche de son pantalon en toile.

5

Un vendredi à la clinique

Jeudi. Le temps était humide et frais. Il pleuvait sans discontinuer depuis le mardi précédent, obligeant les pensionnaires des Aigles Bleus à se cloîtrer dans l'immense bâtiment. Léna aimait la pluie, sauf quand elle était au Centre. Ces jours-là, il était interdit de sortir. Mot d'ordre : activités collectives.

L'institution avait la particularité de ne pas être entourée de grillage. Aucune barrière, juste un portique signalant l'entrée. Une fois dehors, vous étiez totalement maître de vos déplacements, personne ne venait vous demander de comptes. Grâce au bracelet-balise que les enfants portaient autour du poignet gauche, si l'un d'eux se perdait, on n'avait aucun mal à le retrouver. Pourtant, étrangement, la plupart restait toujours dans un périmètre assez restreint.

Dans l'enceinte du bâtiment, vous deviez vous plier aux règles sociales ; à l'extérieur, vous en étiez affranchi.

C'était aussi simple que cela. Exceptés les jours de pluie, où les belles théories sur la liberté n'étaient plus de mise. Au grand désespoir de Léna, qui se retrouvait collée avec les autres pensionnaires, obligée de participer à des ateliers censés fortifier sa mémoire. Cuisine, rangement, classement, ménage… Sa préférence allait au nettoyage, car c'était la seule activité où on lui fichait la paix. Seule avec ses consignes et son chariot, elle pouvait avancer à son rythme, en ne subissant aucun stress et en laissant ses pensées s'échapper sans que cela ne perturbe son travail.

Contrairement à la cuisine ! La première fois, elle s'était portée volontaire. Suivre une recette, même simple, s'était révélé être un véritable parcours du combattant. Le groupe pâtisserie se composait de six adolescents pour un adulte. Les pleurs de certains, les crises de quelques autres et la tension de l'encadrant avaient désorienté Léna, au point qu'elle avait fini par s'accroupir dans un coin, la tête enfouie dans ses bras.

Elle avait renouvelé l'expérience deux fois. Échec sur toute la ligne.

Enfin, elle avait dû classer et ranger des livres à la bibliothèque. Une activité relativement intéressante, qui l'avait amenée à prendre des romans au hasard, et à aller les dévorer aux toilettes. Elle s'était aussitôt fait réprimander, sans comprendre pourquoi.

Tous ces malades dont le cerveau se lézardait en mille crevasses se trouvaient dans le même bateau. Un bateau inexorablement solitaire. Car, sans mémoire, comment pouvaient-ils créer des liens ? Ils se côtoyaient chaque jour, et chaque jour ils s'oubliaient. Une ardoise magique : on efface et on recommence. Les membres du personnel usaient de patience, inlassablement, même si le fruit de leurs efforts disparaissait en quelques instants pour certains, en quelques heures pour d'autres.

Un monde opiniâtre et éphémère.

Vendredi. Léna posa le front contre la vitre froide de la véranda. Il y subsistait d'une récente averse quelques gouttes que le soleil éclairait. Aujourd'hui, au moins, elle échappait aux contraintes du Centre.

Elle soupira, et sur la vitre se forma une tache de buée, dans laquelle elle traça un cercle. En revanche, comme tous les vendredis, elle n'échapperait pas à une visite au NYPH. Elle y passerait l'après-midi à subir des examens. Dans quel but ? Elle ne s'en souvenait plus.

Elle se redressa, dégagea son carnet de sous sa chemise et observa la dernière page sur laquelle elle avait écrit :

Il pleut.

Myrtille n'était pas aux Aigles Bleus mercredi. Ni jeudi.

Elle me manque.

Son regard se fit vague. Même si elle l'avait d'abord trouvé agaçante, elle éprouvait de l'affection pour la petite nouvelle. Si elle avait dû mettre au monde une fille, elle aurait aimé qu'elle ressemble à Myrtille.

Elle secoua la tête. N'importe quoi ! Pourquoi songeait-elle à cela, d'un coup ?

Son visage se crispa sous la concentration. Une pensée. Un souvenir lointain.

– Tu es prête, ma chérie ? questionna Mary, sa veste à la main. Le taxi nous attend.

– Tu m'accompagnes ? s'étonna Léna, laissant le souvenir s'envoler.

– Oui. Tu aurais dû l'écrire dans ton carnet. Nous en avons parlé lundi. Ton médecin veut me voir.

Léna tenta de se rappeler cette discussion, mais elle abandonna bien vite.

Toutes deux s'engouffrèrent dans le véhicule qui devait les conduire au cœur de Manhattan. Plus d'une heure de trajet, durant laquelle Léna resta prostrée contre la portière, à regarder défiler le paysage, puis l'agitation de la cité qu'elle redécouvrait à chaque fois. Elle se retint de relire ses notes, malgré la furieuse envie qu'elle en avait, afin d'éviter la curiosité de Mary.

Ce n'est qu'une fois installée dans le fauteuil du cabinet, branchée à toutes sortes d'appareils, une perfusion dans le cathéter placé en bas de son cou, qu'elle put les consulter. Étonnement, un mot ne sortait plus de sa mémoire : *Mémento*. Se souvenir ainsi de quelque chose, de manière constante, c'était tellement rare !

Bien sûr, de là à s'en rappeler le contenu, même d'un seul chapitre, il y avait un gouffre à franchir ! Mais le simple fait d'être intriguée par un roman était déjà un exploit. Elle était impatiente de le continuer – les deux journées de pluie au Centre l'en avaient privée.

Léna ne comprenait pas pourquoi son cerveau emmagasinait certains détails, et pas d'autres. Pourquoi, parfois, ressurgissaient des informations ou des émotions à peine palpables, et pourtant bien présentes. Des sensations comme sorties d'une autre vie.

– Bonjour. Comment vas-tu, cette semaine ?

Un médecin était entré en silence. Léna referma précipitamment son carnet et le plaqua contre sa hanche.

– Bien, répondit-elle, le rouge aux joues, se sentant prise en faute.

– Quel est mon nom ?

Elle aurait aimé le retrouver sans ses notes, mais elle était trop fatiguée. Elle rouvrit le calepin et feuilleta les pages manuscrites pour s'arrêter sur l'une des photos qu'elle y avait collées :

– Docteur Andrew Goodwin.

– Bien. L'infirmière va venir t'enlever tout ça, continua-t-il en désignant les perfusions d'un geste de la main. Dès que tu seras prête, rejoins-moi dans mon bureau.

Il disparut, aussitôt remplacé par une femme d'un certain âge, usée et sombre. Léna l'observa pendant qu'elle s'affairait autour d'elle. L'avait-elle déjà vue ? Si oui, était-elle toujours ainsi ? Elle n'osa pas lui poser de questions, honteuse de sa mémoire défaillante.

– Tu peux baisser tes manches et réajuster ton col.

– Merci, murmura Léna.

Une fugace lueur bienveillante ranima le regard de l'infirmière.

– À la semaine prochaine, lança Léna tandis que la porte se refermait sur la silhouette en blouse blanche.

Aucune réponse.

Léna se dirigea vers le bureau et s'immobilisa sur le seuil en apercevant Mary.

– Vous avez noté un changement dans son comportement ? Un sujet ou une situation qui aurait pu la perturber ? lui demandait Andrew Goodwin à voix basse.

– Non, aucune progression ni régression notoire. Elle ne paraît même pas désorientée par le départ d'Étaine.

– J'espère que cela n'affectera pas ses repères, marmonna Andrew.

– Au contraire, je pense que cela ne peut lui faire que le plus grand bien. Dimanche dernier, pour lui annoncer la nouvelle, Étaine n'a pas trouvé de meilleure idée que d'être accompagnée par cet homme, ce reporter...

– Il s'est montré ? s'enquit le médecin en se raidissant. Il lui a parlé ?

– Non, il est resté à l'écart. Mais je ne comprends pas pourquoi il est venu. À croire qu'il la prend pour une bête de foire...

Andrew se leva et aperçut Léna sur le pas de la porte.

– Entre, lui dit-il. Mary t'a accompagnée aujourd'hui, tu te souviens ?

Léna hésita, acquiesça sans grande conviction, puis s'assit.

– As-tu de nouvelles choses à me raconter ? enchaîna le médecin.

– Non... Si... Myrtille.

– Myrtille ?

– Elle est au… à… là-bas… le ventre.

– Tu veux dire « le Centre » ? l'encouragea le médecin.

– Oui.

– C'est ton amie ?

– Je ne sais pas.

– Vous étiez au courant ? demanda Andrew en se tournant vers Mary.

– Pas du tout.

– Un élément intéressant. D'autant qu'elle se souvient du prénom.

Léna détestait quand les adultes parlaient d'elle comme si elle était invisible, voire inexistante, ou pire : folle ! Elle serra les poings très fort, jusqu'à imprimer dans sa chair la marque de ses ongles.

Andrew l'invita à passer dans la salle d'examen.

– Déshabille-toi, mais garde tes sous-vêtements. Est-ce que tu sais ce qui va se passer ensuite ?

Léna détailla la pièce d'un rapide coup d'œil.

– Je vais t'aider… Tu vois cette sorte de tunnel ?

– Celui qui ressemble à un… cercueil ?

– C'est un caisson d'IRM, dans lequel tu vas t'allonger. Tu n'y resteras que trois minutes.

– Mais je ne suis pas morte.

Andrew fronça les sourcils.

– Non, tu n'es pas morte. Cette machine sert à inspecter l'intérieur de ton corps, pour observer l'évolution de ta maladie. Tu comprends ?

– Oui, je ne suis pas débile.

Le médecin parut surpris par cette réplique, puis il reprit une expression neutre.

– Je dois te peser et te mesurer avant que tu entres dans l'appareil. Appelle-moi dès que tu seras prête.

Une fois seule, Léna ôta son pull puis sa chemise. Un miroir face à elle lui renvoya l'image d'une adolescente maigre, à la poitrine peu développée. Elle s'en détourna, déboutonna son pantalon et le baissa jusque sous ses fesses. Là, elle s'assit sur l'unique tabouret et fit glisser la jambe droite. De grands lambeaux de peau suivirent, laissant apparaître un épiderme naissant, rosé, fragile. Léna poussa un hurlement de terreur.

Andrew Goodwin arriva précipitamment et comprit aussitôt la situation. Léna, toujours sur le siège, fixait ses cuisses en tremblant, un tic affolé déformant sa bouche toutes les deux secondes.

Le neurologue s'agenouilla devant elle.

– Qui êtes-vous ? s'alarma-t-elle en tentant de se revêtir d'un mouvement pudique et maladroit.

– Ton médecin... Andrew Goodwin.

– Ma peau..., gémit-elle d'une petite voix affligée. J'ai arraché ma peau...

– Ce n'est rien. Ce phénomène s'est déjà produit deux fois.

– Pourquoi elle s'arrache ?

– Ce n'est pas définitif. Regarde, tu en as une toute neuve, maintenant.

Le contraste entre les lambeaux encore collés, sombres et fripés, et les régénérescences roses et lisses était saisissant.

– Ça s'appelle une mue.

– C'est grave ? Je vais mourir ?

– Non, ne t'inquiète pas.

Sur ces mots, Andrew enleva lui-même l'autre jambe du pantalon. Il contrôla le poids de Léna et sa taille avec des gestes lents.

– Allonge-toi, dit-il en ouvrant le caisson.

Il referma le couvercle et s'assit face à un large écran mural.

– Tu es confortablement installée ?

– Oui.

Il chargea plusieurs programmes, et les premières images du corps de Léna apparurent en se superposant à une vitesse fulgurante. Le tout ne dura que trois minutes, comme il l'avait annoncé. Il libéra ensuite sa patiente pour qu'elle puisse se rhabiller, et alla dans le réduit adjacent afin d'étudier les résultats. Ses épaules s'affaissaient à mesure qu'il les découvrait.

Il s'accorda une courte pause, le temps d'assimiler les conclusions qu'il allait devoir formuler. Puis il rejoignit Mary dans son bureau.

6

Andrew

Léna, toujours sous le choc de sa mue, feuilletait son carnet. Aucune note sur ce phénomène. Peut-être dans les anciens ? Fébrilement, elle commença à inscrire ce… cette… Quel était le mot, déjà ? Elle s'approcha du bureau du médecin pour lui poser la question, bien qu'il lui ait demandé de patienter dans la salle d'attente. Elle s'immobilisa en discernant les bribes d'une discussion que, de nouveau, elle décida d'espionner.

– Son système immunitaire s'est encore dégradé, et je suis très surpris qu'elle n'ait pas développé de maladies. Elle a perdu du poids, mais sa taille stagne. Elle en est à sa troisième mue.

« Ah ! "Mue" ! »

– Ses cellules sont… Comment dire ? Gravement altérées. À en croire les résultats, elles ont à ce jour entre quatre-vingts et quatre-vingt-dix ans.

– Vos conclusions, s'il vous plaît, le pressa Mary.

– Elle est en train de mourir.

Léna cessa de respirer.

– Combien de temps ?

– Si elle ne contracte aucune affection grave, elle peut tenir jusqu'à la fin de l'année. Sinon…

Et elle déglutit avant d'expirer. Un vertige la saisit. Les couleurs désertèrent son visage. Elle regagna la salle d'attente, où elle s'assit lourdement.

– Je vais mourir, chuchota-t-elle, les traits défaits.

Ses yeux se posèrent sur une mouche qui cognait contre la vitre en vrombissant, à la recherche désespérée d'une issue vers le ciel maintenant dégagé. Léna se sentait comme elle, prisonnière. Prisonnière d'un organisme qui la menait vers la poussière au lieu de la conduire vers la vie.

« Je vais mourir… »

Elle se leva, s'approcha de la fenêtre et l'ouvrit. L'insecte se cogna encore plusieurs fois avant de s'échapper. Léna le perdit rapidement de vue. La liberté… Ne plus être captive de ce corps et de ce cerveau, de cet esprit malade.

Un gémissement heurta la barrière de ses dents serrées.

« Du calme, se rabroua-t-elle intérieurement. Calme-toi ou tu risques d'oublier… »

Elle frappa la vitre du plat de la main.

« Je ne dois pas oublier ! Pas ça ! »

Aussitôt elle se souvint.

Elle se rassit, calepin et stylo dans les mains, et inscrivit en lettres capitales en travers d'une page blanche :

JE VAIS MOURIR.

Et sur une autre :

JE DOIS CONTINUER MÉMENTO.

*

D'un geste las, Andrew suspendit sa blouse blanche à la patère. La journée avait été longue, mais il ne supportait pas l'idée de s'enfermer dans son appartement vide. Il se massa doucement les tempes des deux pouces avant de se rassoir à son bureau, sur lequel les dossiers s'empilaient.

Dont celui de Léna.

Il se cala dans le fond de son fauteuil, les mains croisées derrière la tête, et se tourna face à la fenêtre. À travers les lames du store, il entrevoyait les étoiles. Son regard s'y accrocha pendant que son esprit s'évadait.

Le cas de Léna anéantissait toutes ses années de succès à combattre les atteintes mnésiques. Il ne pouvait rien pour elle ni pour les autres patients frappés par les mêmes symptômes. Il avait tout essayé, depuis sa première consultation, mais il devait bien admettre que ses compétences avaient atteint leurs limites. Il n'était pas magicien. Lui qui s'était détourné de la recherche pour se rapprocher des malades, abandonnant gloire et gains importants… Il avait cru en son destin, en sa vocation, et il se trouvait impuissant. Un échec.

Lors de sa dernière année de médecine, on lui avait vanté l'avenir de la bio-esthétique. Comme tout novice, il avait été attiré par cette richesse potentielle, qui, après la chirurgie, allait faire le bonheur de « patients » fortunés et avides de rester dans la course. Mais, au fond de lui, une petite voix lui avait hurlé que ce n'était pas cela, la médecine. On pouvait s'évertuer à favoriser par tous les moyens la régénérescence de la peau en vue de grappiller visuellement quelques années, mais la fin était la même pour tout le monde, non ?

C'est à cette époque qu'il avait rencontré Étaine, une femme simple, généreuse, avec les pieds sur terre. Il s'était accroché à cette bouée de sauvetage, et il avait tenu tête à son professeur référent pour obtenir le droit de quitter la recherche afin d'intégrer la neurochirurgie.

Il avait tellement honte d'avoir mis ne serait-ce qu'une once d'énergie dans ce système qu'il était prêt à tout, désormais, pour se rattraper.

Il s'étira, puis se frotta les paupières. La nuit serait longue. Il aurait tout le temps de penser à son parcours, à ses objectifs et au cas de Léna…

7

Myrtille

Malgré le temps somptueux, Mary avait décidé d'accompagner sa protégée en voiture au Centre. Léna n'avait pas cherché à en connaître les raisons. Elle s'en moquait. Elle était murée dans le silence et relisait inlassablement cette sentence :

JE VAIS MOURIR.

Elle n'avait rien consigné d'autre dans son calepin durant le week-end. Elle voulait maintenir intacte la page sur laquelle était inscrite cette phrase tragique. Comme pour l'incruster dans son cerveau. Elle n'attendait qu'une chose : retourner aux Aigles Bleus pour se plonger dans le manuscrit, partir dans le monde de Shanel et se laisser porter. Elle espérait partager ce moment intime avec Myrtille.

Curieusement, Léna était impatiente de la revoir.

Elle avait chaud. Mary avait mis le chauffage à fond. L'air absent, elle déboutonna sa veste, défit son foulard et remonta ses manches… pour les baisser brusquement. La vue de sa peau en lambeaux provoqua un vent de panique qui enfla en elle telle une lame de fond.

– Calme-toi, murmura tendrement Mary. D'ici la fin de la semaine, ça ne sera plus qu'un mauvais souvenir. Ta mue se termine.

Léna ignora les paroles de la vieille dame.

JE VAIS MOURIR.

– Couvre-toi, ajouta Mary en se garant sur le parking réservé aux visiteurs.

JE VAIS MOURIR.

– Ma chérie…

JE VAIS MOURIR.

– Ma chérie… nous sommes arrivées.

JE VAIS MOURIR.

– Mon trésor, tu m'écoutes ? insista Mary, inquiète.

Elle lui caressa les cheveux, comme à son habitude.

– Oui, répondit Léna.

– Que se passe-t-il ? Tu es bizarre ce matin. Et tu n'as quasiment rien dit de tout le week-end.

Léna détourna le regard vers la vitre. Enfin, elle était au Centre ! Elle sortit précipitamment.

– Ferme ta veste ! lui cria Mary.

Mais Léna était déjà entrée dans le bâtiment. De son sac en bandoulière, elle extirpa le bracelet-balise qu'elle accrocha à son poignet, et son badge qu'elle épingla de travers sur sa poitrine, puis elle courut vers le parc. Myrtille était là, avec deux autres pensionnaires. Elle lui adressa un bref signe de la main avant de se remettre à jouer à l'élastique.

Cela fit à Léna l'effet d'une gifle.

À pas lents, elle se dirigea vers son arbre et s'y adossa en lançant de petits coups d'œil furtifs à la gamine qui ne se souciait pas d'elle, trop occupée à s'amuser.

Elle en avait mal au ventre.

Une fois de plus, elle se retrouvait seule comme si elle n'existait déjà plus.

JE VAIS MOURIR.

Elle referma son carnet avec un claquement sec.

JE VAIS MOURIR.

Son regard se fit soudain dur.

JE VAIS MOURIR.

Ses lèvres ne formaient plus que deux traits minces.

JE VAIS MOURIR.

Son corps se raidit. Elle n'était pas encore morte !

– Tout va bien, ma chérie ?

Mary s'était approchée sans bruit. Elle se pencha vers Léna pour replacer une mèche de cheveux qu'elle coinça derrière son oreille.

– Et si tu me présentais Myrtille ? Elle est ici ?

– Je ne sais pas.

– Tu as parlé d'elle au docteur Goodwin.

– Je ne m'en souviens pas.

– Je viens de discuter avec ta psychothérapeute, et elle m'a confirmé que cette fillette et toi étiez amies.

– Je n'ai pas d'amis ! martela Léna en haussant le ton.

JE VAIS MOURIR.

Mary recula d'un pas.

– D'accord. Inutile de te fâcher.

La vieille dame, effrayée par cette soudaine agressivité, se retint d'insister.

– Je rentre, indiqua-t-elle en feignant la bonne humeur. À ce soir, ma chérie.

Léna, tremblant de rage, la suivit du regard tandis qu'elle s'éloignait à pas mesurés.

Sa colère n'avait pas diminué lorsque la séance de ce lundi matin commença. Elle arriva la dernière, dégagea sa chaise du cercle et se mit à l'écart.

JE VAIS MOURIR.

– Léna, je t'invite à revenir avec nous.

– Non.

– Même si tu ne parles pas, ta présence...

– Non ! Vous comprenez ce que je dis ? Je dis NON ! Non, non, non !

JE VAIS MOURIR.

– Pourquoi es-tu fâchée ?

JE VAIS MOURIR.

– Souhaites-tu nous en faire part ?

– Non !

– Peut-être quand nous serons toutes les deux ?

– Non.

– Comme tu voudras..., céda la neuropsychiatre.

Elle reporta son attention sur le groupe et sollicita Myrtille pour qu'elle raconte son week-end, tout en épiant la réaction de Léna.

– J'ai une copine qui s'appelle Candice…

– Traîtresse, grommela Léna, les bras croisés sur la poitrine, le visage tourné vers la fenêtre.

Myrtille, coupée dans son élan, se tut.

Léna lança bien fort :

– C'est une traîtresse et une menteuse !

– Si tu veux participer, j'aimerais que tu reviennes dans le cercle. Sinon, abstiens-toi de nous interrompre.

Léna se leva d'un bond, le regard assombri par une fureur mal contenue, traîna sa chaise pour la remettre à sa place, mais resta debout à côté d'elle.

– Pourquoi dis-tu que Myrtille est une menteuse ?

– Elle disait être mon amie.

– Tu avais disparu ! Je croyais que tu étais morte, alors j'ai choisi une autre copine, vivante, se défendit la gamine.

La rage et la panique de Léna montèrent encore d'un cran. Comment Myrtille pouvait-elle savoir qu'elle allait mourir ? Et cette indifférence, qui la blessait profondément, prouvait que la fillette ne l'aimait pas.

Elle se planta à vingt centimètres de Myrtille, les poings serrés, les jointures de ses doigts devenues blanches.

– Je ne suis pas encore morte !

– Je suppose que Myrtille fait allusion à vendredi. C'est le jour où tu te rends au NYPH pour tes examens hebdomadaires.

Léna fouilla dans sa mémoire bancale.

– Consultez vos carnets, les encouragea la psy.

Léna obéit.

JE VAIS MOURIR.

– Oui ! s'exclama Myrtille, qui avait fait de même. J'ai écrit : *Vendredi. Léna n'est pas là. Elle est morte.*

C'en était trop pour Léna. Elle se rua sur la fillette, l'empoigna par les épaules en la secouant et cracha, les syllabes bien détachées :

– JE NE SUIS PAS ENCORE MORTE !

Un brouhaha s'éleva dans la salle. Un vent de panique balaya l'assurance des patients les plus calmes. Des cris montèrent et des gémissements de terreur masquèrent la voix de la psychothérapeute, qui tentait vainement de maîtriser la situation. Elle se risqua à ceinturer Léna, mais les aides-soignants durent la rejoindre pour lui prêter main-forte.

– Lâche-la ! Lâche Myrtille !

Léna hurla quand de grosses mains lui enserrèrent les bras. Elle eut juste le temps d'agripper une mèche de cheveux de sa victime, qu'elle tira de toutes ses forces, avant que les surveillants réussissent à l'éloigner. La fillette, le visage cramoisi, les joues inondées de larmes, fixait Léna, qui exhibait fièrement, tel un trophée, la touffe entre ses phalanges.

Coincée entre deux hommes, elle fut fermement conduite dans l'aile des soins. Elle se débattait toujours quand l'infirmière remonta une de ses manches pour lui injecter un calmant. Instantanément, Léna perdit sa résistance et fut allongée sur un lit.

Dans un état proche de l'absence, elle laissa son esprit voyager entre la vie autour d'elle – le va-et-vient de la femme en blouse blanche, une gorgée d'eau pour apaiser sa bouche sèche, un en-cas qui lui ferait le plus grand bien… – et ses souvenirs, aussi diffus que confus. Lorsque, après le déjeuner, elle émergea de sa léthargie, elle dut promettre de se tenir tranquille avant d'être autorisée à sortir.

Elle quitta la chambre sur le qui-vive, tel un détenu en fin de peine – content d'être libre, mais effrayé à l'idée qu'on change d'avis – et courut dans le parc sans se retourner. Elle caressa son arbre un moment, contrôlant sa respiration pour qu'elle devienne plus régulière, puis elle enlaça comme elle put le tronc épais et frotta sa joue contre l'écorce rugueuse en pleurant. Enfin, rassérénée, elle s'installa à califourchon sur la plus grosse racine jaillissant du sol. Elle extirpa le manuscrit de son sac et le posa sur ses genoux.

– Coucou !

Léna ignora la fillette, le regard fixé sur le roman.

– Youhou ! C'est moi, Myrtille !

Cette fois, elle dévisagea durement l'importune qui se trémoussait à un mètre d'elle.

– Va-t'en ! cracha-t-elle.

– On est copines, d'ac' ?

– Non.

La petite s'accroupit.

– Pourquoi ?

Léna planta ses ongles dans l'avant-bras de la gamine et esquissa une grimace qui accentuait la rage dans ses prunelles.

– Parce que je te déteste, dit-elle calmement.

– Je suis désolée, chouina sa victime sans se dégager de l'emprise douloureuse.

Léna desserra son étreinte, puis se résigna à lâcher tout à fait. Un papillon se posa sur l'empreinte dessinée dans la chair de Myrtille.

– Waouh ! Il est trop beau ! s'écria la fillette, l'air d'avoir déjà oublié l'incident.

Les ailes collées l'une à l'autre, le lépidoptère resta immobile, comme pour être admiré. Léna, aussi subjuguée que Myrtille par les couleurs chatoyantes, laissa sa rancœur se dissiper. Elle s'agenouilla, et le manuscrit glissa sur le sol. Le choc, pourtant léger, accéléra la fuite du papillon. Une moue attristée déforma la bouche de Myrtille, qui se redressa pour courir après l'insecte.

– Reviens !

Subitement, elle projeta ses paumes en avant.

– Je te tiens !

Elle se tourna vers Léna, un sourire victorieux illuminant son visage, et se hâta de regagner l'arbre en brandissant le poing.

– Chut ! intima-t-elle en posant sur ses lèvres l'index de sa main libre.

D'un vaste mouvement, elle leva le bras bien haut et écarta les doigts en donnant une légère impulsion.

– Vole, joli papillon ! Vole !

Celui-ci s'éleva et tomba à pic pour s'aplatir aux pieds de Léna. Myrtille en resta hébétée, les traits défaits par la culpabilité. Elle se baissa pour observer le lépidoptère inerte. Son menton se mit à trembloter, et des larmes noyèrent ses yeux.

– Je l'ai tué ? demanda-t-elle dans un souffle.

Comme Léna ne répondait pas, la fillette examina à nouveau le papillon.

– Peut-être qu'il s'est endormi..., se força à chuchoter Léna.

Les pleurs de Myrtille se tarirent aussi vite que le lépidoptère était tombé.

– Faut pas le réveiller, alors !

Léna secoua la tête.

– C'est quoi ? demanda Myrtille.

Léna suivit son regard et fronça les sourcils. La fillette était déjà passée à autre chose.

– Le livre que je lis.

– Tu peux le lire pour moi ?

– À condition que tu restes tranquille.

Elles s'allongèrent côte à côte, et Léna entama un nouveau chapitre.

La paix était revenue.

Par la fenêtre de son bureau, le directeur du Centre, accompagné de la thérapeute, observait la scène.

– Avez-vous une idée sur les raisons de sa conduite de ce matin ?

– Seulement une hypothèse : il a dû se produire un événement au NYPH vendredi. Elle revient rarement perturbée de ses week-ends, sa grand-mère s'arrange pour éviter toute contrariété. Je ne pensais pas qu'elle pouvait être aussi colérique et violente.

– Si ce type d'incident se renouvelle, nous devrons la renvoyer.

– C'est un peu radical…

– Nous ne sommes pas une structure psychiatrique. Nous n'avons pas le personnel pour gérer ce genre de situation.

– Vous avez raison, de mon côté, je vais aller questionner le docteur Goodwin. Je suis sûre qu'il en sait plus que ce qu'il nous a dit.

8

Un cadeau pour Voltàn

Beaucoup de choses ont changé dans la vie de Voltàn depuis que nous nous sommes rencontrés, il y a six mois.

Le foyer où il logeait est maintenant de l'histoire ancienne. Grâce à ses remarquables progrès dans notre langue, il est parvenu à décrocher un poste dans une épicerie sur la Cinquième Avenue. Il peut désormais assumer un loyer, et nous partageons mon appartement.

La première fois qu'il a posé le pied chez moi, il a eu un véritable choc. Plusieurs pièces pour une seule personne, un incontestable confort, des sculptures, des tableaux, des livres, beaucoup de livres ! Mais ce sont les nombreuses photographies placardées sur les murs qui l'ont le plus marqué. Le fruit d'un procédé qui le fascine : fixer pour toujours ce que l'œil ne capte que pendant quelques secondes, et que la mémoire laisse se déliter. Épingler le temps et la vie dans un cimetière de souvenirs visuels.

De mon côté, j'en suis à la moitié du programme J.E. Je subis trois injections par mois, et les effets commencent à se faire sentir. Je suis plus tonique, plus concentrée, ce qui me permet de travailler d'arrache-pied sur un nouveau roman – le dernier, paru il y a trois mois, démarre très fort.

J'envisage aussi de repartir des notes de ce journal pour en faire une autofiction. Relater mon expérience en tant que cobaye pourrait être intéressant. Je suis bien consciente qu'il me sera impossible de le publier tel quel, je suis liée par la confidentialité, mais rien ne m'empêche de me plonger dans une autofiction. Grâce à l'argent que je reçois pour participer à J.E., je n'ai plus à courir après mes maigres droits d'auteur, j'ai donc tout le temps de m'investir dans une très longue aventure créative.

Pour la première fois depuis longtemps, je me sens heureuse. J'ai l'impression que les périodes sombres de mon existence sont derrière moi. Pour clore cet ancien chapitre de ma vie, j'ai rangé le coffre en bois de rose dans un carton, et je l'ai enseveli sous un tas de vieux vêtements.

Je n'ai pas pu me résoudre à m'en débarrasser définitivement, mais ce premier geste est déjà une étape importante.

Un coup d'œil sur mon reflet dans la vitrine pour lisser ma nouvelle coupe au carré, et je pénètre dans le magasin d'un pas résolu. Je compte faire une surprise à Voltàn. Je la lui offrirai au dîner, dans le restaurant français le plus en vogue du moment, où j'ai réservé une table il y a un mois déjà.

Pendant que le vendeur soliloque sur la qualité du produit que j'ai choisi, mon esprit s'évade. Je réfléchis à ce que j'éprouve pour l'Amérindien. Nous vivons ensemble et passons des moments magiques, pleins de rires, de plaisanteries, d'une tendresse tout amicale. Une relation dans laquelle il n'y a jamais eu un seul geste déplacé. Plusieurs fois, j'ai rêvé que je passais une nuit d'amour avec lui ; au réveil, j'étais prise d'une terrible angoisse. Comment pouvais-je imaginer un seul instant la moindre histoire avec ce gamin de vingt ans mon cadet ? Il avait l'âge d'être mon fils ! Bien sûr, ce sont des choses qui arrivent, et je n'ai pas à juger cela, seulement ce n'est pas fait pour moi. J'aurais l'impression de profiter de la situation. Et puis, comment savoir ce que ressent ce jeune homme aux coutumes si étranges ?

– Madame ?

Je reviens à la réalité.

– Je vous l'emballe ?

– Oui, s'il vous plaît.

Je suis totalement excitée par ce cadeau, et impatiente de voir la réaction de Voltàn.

Une fois sortie du magasin, je lui envoie un message pour qu'il passe me chercher dans deux heures à la librairie où j'ai accepté une séance de dédicaces. D'ailleurs, je suis très en retard. Je n'aurai pas le temps de me faire une beauté avant qu'elle commence, mais je compte sur le peu de curieux pour n'avoir aucun mal à passer aux toilettes afin de remplacer mon vieux jean usé par une robe un peu sexy. Pas le temps non plus d'effectuer le trajet à pied. Le taxi me fait gagner cinq minutes, mais ce n'est pas assez : quand j'arrive, dix personnes attendent déjà devant ma table de signature – joliment décorée par la libraire. Voilà qui me surprend ! D'habitude, quand je dédicace mes romans, je ne rencontre que quatre ou cinq lecteurs… Parfois même zéro.

– Votre roman est magnifique, me complimente une jeune femme.

– Si je peux me permettre, intervient un homme, c'est de loin votre meilleur.

Je serre les dents et souris : une moue qui passe pour de la timidité alors qu'en fait je suis un peu vexée. J'ai une tendresse particulière pour mon premier roman. Mais ce monsieur ne pouvait pas le deviner. Je dédicace son exemplaire en le remerciant chaleureusement de cette franchise qui m'a blessée en secret.

Finalement, les deux heures filent si vite que je n'ai le temps ni de m'ennuyer ni de me changer. Voltàn arrive au moment où la libraire sert des rafraîchissements et quelques biscuits qu'elle a confectionnés pour l'occasion. Un geste que j'apprécie beaucoup… même s'il tombe mal. Je reste encore un bon quart d'heure, mal à l'aise, sans cesser de consulter ma montre. Le moindre retard dans ce restaurant, et la réservation s'annule.

Il ne nous reste qu'une poignée de minutes pour nous y rendre. Je m'éclipse enfin aux toilettes pour enfiler ma robe, et j'envoie Voltàn chercher un taxi. Le temps de remercier la libraire, me voilà dans la rue.

– Cool ! Tu as trouvé un taxi ! Tu es un amour !

Voltàn rougit, la main posée sur le véhicule jaune. Il claque la portière derrière moi et fait le tour pour s'engouffrer dans l'habitacle en cuir fauve. Quand il s'installe à mes côtés, j'ai déjà donné notre destination au chauffeur.

– Tu ne veux pas me dire où nous allons ? demande Voltàn.

– Non, c'est une surprise ! Sache juste que tu dégusteras des mets que tu n'as encore jamais eu l'occasion de goûter…

– Des « mets » ?

– Oui... des aliments, des plats.

– Ah, d'accord.

Je suis toujours étonnée par la rapidité et la facilité avec laquelle le Lacandon assimile toutes ces choses nouvelles pour lui. Il tient maintenant une conversation sans plus faire d'erreur, ou presque. Même son accent s'estompe peu à peu.

Au restaurant, je lui fais goûter du champagne, et je pouffe devant son air stupéfait. J'ai commandé les menus à l'avance : des escargots, du bœuf bourguignon et des crêpes flambées. Voltàn apprécie le festin, surtout le bœuf bourguignon.

Quand il avale sa dernière bouchée de dessert, je sors le paquet acheté quelques heures plus tôt.

– Pour toi.

– Pourquoi ?

– Pour rien. Je n'aime pas les occasions spéciales pour faire des cadeaux.

Voltàn ne sait pas comment réagir.

– Vous ne vous faites jamais de cadeaux chez toi ?

– Non. Les Esprits et la Terre Mère s'en chargent. Ce sont eux qui m'ont offert mes filles...

C'est à mon tour d'être troublée.

– Elles te manquent, n'est-ce pas ?

– Oui, bien sûr.

– Allez, ouvre le paquet !

Voltàn s'exécute. Il arrache le papier, écarte les rabats de la boîte et dégage l'appareil photo comme s'il était en porcelaine. La stupeur se lit sur son visage.

– Je ne sais pas me servir de cette machine !

– Tu apprendras !

Après cette soirée merveilleuse, nous rentrons à pied, bras dessus, bras dessous. Nous profitons de la douceur de ce mois de septembre, sans échanger un mot jusqu'à l'appartement.

Une fois la porte refermée, Voltàn bredouille :

– Excuse-moi, je n'ai pas l'habitude. J'aurais dû te remercier pour le restaurant et l'appareil photo, n'est-ce pas ?

– Oui, une petite bise aurait été sympa ! dis-je pour plaisanter.

– J'aurais dû dire des mots, non ?

Lorsqu'il est embarrassé, Voltàn retrouve son accent, et son vocabulaire s'appauvrit.

– Ne t'inquiète pas ; aucun problème...

Mais la tension entre nous est palpable.

– Merci, lâche-t-il enfin.

– Stop ! Tout va bien ! On ne va pas passer la nuit là-dessus !

Je ponctue ma phrase d'un rire qui ressemble plus à un ricanement qu'à un éclat de joie.

– Et si on ouvrait une bonne bouteille de vin et que je te montrais comment fonctionne un appareil photo ?

Voltàn accepte, manifestement soulagé.

Nous passons au salon et, dès la première lampée d'un sublime haut-médoc rapporté par mon père d'un très lointain voyage en France, notre trouble s'évapore. Aidée par la notice, j'explique patiemment chaque fonctionnalité de l'appareil. Voltàn boit mes paroles, puis effectue ses premiers essais en me prenant pour modèle. Je l'étudie à la dérobée tandis qu'il se concentre pour procéder à des réglages plus subtils. Sa finesse me touche plus que je ne l'aurais imaginé ; le regard qu'il porte sur moi, ses petits gestes du quotidien, attentionnés, prévenants, grâce auxquels je me sens respectée.

Nous avons réussi à trouver un équilibre que je n'aurais jamais cru possible dans une vie à deux. Ce jeune adulte, à peine sorti de l'adolescence, loin de son pays et des siens... À force de le côtoyer, je m'aperçois qu'il est plus mûr que la plupart des hommes de quarante ans que je connais.

– Shanel ?

– Hmmm ?

– Comment les couples se forment, ici ?

Il pose l'appareil sur la table basse, baisse la tête pour masquer le feu qui lui est monté au front, puis il ose affronter l'intense étonnement qui doit briller dans mes pupilles braquées sur lui.

– Je veux dire... Qui choisit ?

Je hausse un sourcil.

– Comment ça ?

– Eh bien, chez moi, c'est la femme qui désigne l'homme qu'elle veut pour son foyer, et elle l'emmène dans son clan.

– Tu veux dire que les Lacandons fonctionnent sur un système matrilinéaire, c'est ça ?

Il ouvre de grands yeux étonnés :

– Matri... ?

– C'est un système où la filiation se transmet par la mère. Ici, c'est l'inverse. Nous sommes plutôt sous la domination du père, même si les valeurs ont changé, pour le bien des femmes.

Mes ancêtres se sont battues pour obtenir les privilèges autrefois réservés aux hommes. Cette domination est encore présente, mais bien moins forte.

– Chez les Lacandons, rien n'évolue.

– Ce sont les femmes qui vous écrasent ?

– Pas vraiment. C'est difficile à expliquer… Les hommes sont quand même considérés comme inférieurs. Par exemple, ils ne possèdent rien.

Il sirote son vin avant de poursuivre :

– J'ai lu beaucoup de choses sur l'histoire des *T'surs*. Et, même si j'ai souvent maudit nos coutumes, je pense que mon peuple est plus respectueux pour les relations hommes-femmes. Malgré tout, il reste quand même un fossé entre nous.

– Ici, en tout cas, c'est de plus en plus l'amour qui importe. Peu à peu, on s'attarde moins sur les questions de milieu social ou de religion, de différence d'âge ou d'appartenance sexuelle.

– D'appartenance sexuelle ?

– Oui, d'homosexualité.

– Ah.

– Ce n'est pas admis dans ton peuple ?

– Si, mais juste pour le plaisir. Deux hommes ne peuvent pas vivre ensemble. Comme ils ne possèdent rien, ils se retrouveraient en marge de la société. Pour les femmes, c'est différent : elles ont le droit de choisir leur vie.

– Ne t'inquiète pas : ici, tu agis comme tu l'entends.

Je regrette aussitôt cette phrase. J'ai l'impression d'entraîner Voltàn sur un terrain glissant, de lui tendre des perches.

Qu'est-ce qui m'a pris de lui parler de différence d'âge ? Trop tard... Je frémis devant l'expression éloquente qu'il me lance.

– Écoute, Voltàn, ne crois pas que...

– Puisque, ici, j'ai le droit, je voudrais juste te dire que j'ai envie de t'embrasser. Depuis longtemps.

Son audace m'estomaque.

Il se penche vers moi et effleure du bout des lèvres mon front, mes paupières, mon nez et enfin ma bouche.

9

Découvrir le monde

Mon cadeau est une vraie révélation pour Voltàn. Les balbutiements sont un peu rudes, mais, à force de persévérance et grâce à une formation intensive sur un semestre, l'Amérindien a bientôt l'impression que le boîtier est comme une extension de lui-même. Il ne s'en sépare pratiquement jamais, depuis plus d'un an.

Et ce matin, son excitation est à son comble.

Il vient de recevoir les résultats d'un concours international, auquel il a participé le mois dernier, et qu'il a décroché haut la main. Une reconnaissance qui peut être un tournant capital dans sa vie. Le regard qu'il pose sur ce qui l'entoure le différencie de beaucoup de photographes, sa sensibilité si particulière, son avidité de connaissances et de reconnaissance.

À présent, il doit décider de son avenir. Ce pays lui apporte beaucoup, mais il en veut plus. Il veut voyager, découvrir le monde et le faire découvrir par le biais de son objectif.

Il se sent prêt.

Il replie soigneusement le courrier. Plusieurs professionnels travaillant pour de grands magazines l'y félicitent. Et on lui propose un stage de dix mois à l'étranger, qui déboucherait sur une embauche.

Voltàn consulte l'heure. Il a encore quarante-cinq minutes devant lui, le temps de préparer le panier-repas et de me rejoindre à Central Park.

Sur le chemin, son angoisse monte à chaque foulée. L'angoisse de devoir annoncer son départ à celle qui partage son lit dans une relation tendre et sans nuages. Un bonheur simple, que Voltàn goûte avec plaisir, à l'opposé de son ancienne vie. Mais il est jeune. Il doit vivre ses propres expériences.

Au parc, il s'installe délibérément à l'endroit de notre première rencontre, et un maelstrom d'émotions l'envahit. Il sourit en s'asseyant sur la couverture qu'il vient d'étaler sur l'herbe.

Ce début d'automne est magnifique, la température agréable.

Voltàn s'allonge sur le dos, offre son visage au soleil, les bras croisés sur son torse.

Il s'est bien habitué au rythme des *T'surs*, mais il est conscient qu'il ne possède que peu de connaissances sur le vaste monde. Certes, ses filles lui manquent, et il n'a jamais oublié sa femme, Yon – l'amour qu'il lui porte est encore très fort –, mais il a changé. Ses remords d'avoir quitté son peuple ne gâchent plus le bonheur de l'incroyable aventure qu'il vit depuis.

Les *T'surs* ont des réticences à accepter les étrangers débarqués de pays qu'ils jugent non civilisés. Seulement, Voltàn a bien remarqué qu'ils ont aussi du mal à accepter les différences qui existent entre eux. La planète ne se résume pas à ce pays ; elle en comporte une multitude, et une multitude de cultures que le Lacandon rêve de découvrir toutes.

La nouvelle sera difficile à digérer, mais il est persuadé que je l'encouragerai dans sa décision.

*

Je viens de sortir de chez le coiffeur, et je flâne dans les rues. De toute ma vie, je n'ai jamais été aussi heureuse. Je file le parfait amour avec Voltàn. Un conte de fées. Depuis le succès de ma dernière parution, tous mes romans se vendent comme des petits pains, et de nombreux éditeurs me sollicitent avec des contrats aux conditions alléchantes. Mon compte en banque est florissant, et je peux enfin songer à l'avenir sans aucune inquiétude. Sur ce plan-là, tout du moins.

Pour couronner le tout, J.E. fait des miracles.

Six mois après les dernières injections, les bénéfices continuent d'apparaître : mes rides ont nettement diminué, et mes quelques cheveux blancs ont disparu. Les médecins du programme semblent aussi surpris que moi. Ils ne s'attendaient pas à des résultats si probants ! Ni à ce que les effets se poursuivent au-delà de la période de traitement. Bref, Jeunesse Éternelle fonctionne au-delà de toute attente... pour ma plus grande joie. Je peux partager sans complexe le quotidien de mon jeune amant. J'assume enfin cette idylle, j'ai l'impression de revivre.

Je n'ai aucun contact avec les autres cobayes – les responsables du programme y sont opposés –, et je ne sais donc pas si les résultats sont les mêmes chez eux. Parfois, cela m'inquiète un peu, et la mise en garde d'Étaine me revient en mémoire. Mais je n'ai jamais eu le moindre symptôme désagréable – pas de vertiges ni de vomissements... Cela suffit à me rassurer.

Je bifurque à une intersection pour rejoindre la rue de mon appartement.

Dès que Voltàn aura acquis une certaine stabilité financière, je songe à lui proposer que nous achetions un loft ensemble. Pour qu'il s'y sente vraiment chez lui. Il ne rechigne jamais à répondre à mes questions au sujet de son passé, pourtant j'ai du mal à imaginer son ancienne vie. Sa culture semble appartenir à une époque révolue, un monde hors du temps, dans lequel les tribus primitives peuvent encore exister, protégées par des lois. Un monde digne d'un roman de fantasy ! Un monde à ce point abstrait pour moi que j'aurais besoin d'y aller, pour m'en faire une idée. Au hasard d'une discussion, j'ai lancé la proposition. J'ai même évoqué ses filles pour essayer de le convaincre. Mais il a refusé catégoriquement. « C'est hors de question, point », a-t-il conclu.

Je glisse la clef dans la serrure, puis je suspends mon geste en fronçant les sourcils. J'oublie quelque chose... Je me concentre, et mon visage s'éclaire : bien sûr, j'ai rendez-vous avec Voltàn à Central Park pour un pique-nique ! Il faudrait peut-être que je ralentisse un peu le travail, moi...

Le trajet ne me prend que vingt minutes, et quand je repère Voltàn installé à l'endroit de notre première rencontre, mon cœur s'emballe. Je reste quelques secondes à l'observer, allongé sur la couverture, les yeux fermés et la respiration calme.

Je m'approche à pas de loup et je m'agenouille pour déposer un baiser sur son front, mais Voltàn m'intercepte, m'attrape par les épaules et me fait basculer sur le côté. Il m'embrasse fougueusement.

– Bonjour, belle imprudente !

J'éclate de rire en me dégageant de son étreinte.

– Tu pourrais quand même me laisser croire que je suis capable de te surprendre !

– Ben voyons ! Tu es nulle, à ce jeu-là, il faut t'y faire ! Et puis, n'oublie pas que j'ai grandi dans la jungle !

– Alors que je ne suis qu'une lamentable citadine *t'sur* qui s'est toujours contentée de remplir un caddy pour s'alimenter… Cela dit, j'ai quand même appris à dompter cette jungle consumériste !

Voltàn s'assied derrière moi, m'entourant de ses jambes, et m'invite à m'adosser contre lui. Les bras autour de ma taille, il m'embrasse la nuque, puis remonte jusqu'au lobe de mon oreille.

– Et, dis-moi, citadine de mon cœur, où est cette bouteille de vin que tu étais chargée d'apporter ?

– Flûte ! J'ai oublié !

Je tourne vers lui un visage désolé.

– Ne t'inquiète pas, nous boirons de l'eau ! C'est juste que nous avons une excellente raison de trinquer…

J'écarquille les yeux :

– Tu as eu le concours ?

Voltàn approuve du menton, avec un air faussement modeste.

– C'est pas vrai ?! Tu l'as ?

Je me lève d'un bond, m'agenouille et prends ses mains dans les miennes.

– Je suis si fière de toi ! Attends-moi, je file acheter du champagne !

– Non, reste. Ce n'est pas indispensable.

– J'y tiens ! Félicitations, mon amour.

– J'ai besoin que tu sois près de moi ; c'est ça, l'important.

Une ombre passe rapidement sur son visage.

– Je dois te parler...

Toute mon excitation retombe d'un coup. Je me place en silence face à Voltàn et ne le quitte pas des yeux.

– Ils me proposent un stage. Sans doute suivi d'une embauche.

Je pousse un profond soupir de soulagement.

– Tu m'as fait peur ! J'ai cru que tu allais m'apprendre une mauvaise nouvelle. C'est génial ! Où est-ce ? À New York ? Si c'est un peu loin, on se débrouillera...

– À Sydney.

– Sydney ?

– Sydney.

Un petit vent frais agite la ramure de l'arbre au-dessus de nous. Une feuille jaune plane dans l'air, puis se pose délicatement dans l'herbe.

– En Australie ?

Quelle question stupide !

– C'est à l'autre bout du monde, mais je ne peux pas refuser une telle aubaine. Tu sais que je rêve de voyager...

Mes épaules s'affaissent. Une bourrasque balaye mes cheveux, comme pour chasser la brume qui paralyse mon cerveau.

Je reste silencieuse durant de longues minutes, à encaisser cette annonce, à chercher ce qui m'a échappé. Une larme coule sur ma joue. Une seule.

Je porte une main à ma bouche et balbutie d'une voix étouffée par ma paume :

– Non, non… ce n'est pas possible… tu ne peux pas partir. Tu ne peux pas m'abandonner.

– Je ne t'abandonne pas.

– Ah non ? Pourquoi partir, alors ? Tu n'es pas heureux ici ? Tu n'as pas tout ce qu'il te faut ? On est bien, ensemble, non ?

À ce moment précis, je réalise qu'il ne m'a même pas proposé de l'accompagner.

– Shanel… Comprends-moi, je n'ai que vingt ans. Pour moi, ce n'est pas encore le moment de m'installer vraiment. Mais je reviendrai, je te le promets.

– Tu reviendras ? ricané-je. Mais bien sûr ! Comme tu le sais, j'ai quelques années de plus que toi, assez pour ne plus me bercer d'illusions devant de belles promesses ! Si tu pars découvrir le monde, tu finiras dans les bras d'une autre.

– Je n'ai pas fui mon peuple et une vie de contraintes pour m'enfermer avec toi.

– Donc, c'est bien cela : tu ne reviendras pas.

Ma voix n'est plus qu'un murmure désenchanté. Il n'aurait pas pu trouver poignard plus affûté à me planter dans le cœur.

Je suis fatiguée…

– Tu as raison, dis-je en écartant les bras. Va courir le monde. Va-t'en, je ne veux plus te voir ! ajouté-je entre mes dents, alors que Voltàn se dandine, hésitant.

– À mon retour, je te ferai signe.

Si fatiguée…

– Pas la peine. Adieu.

Je me lève, ramasse mes affaires et m'éloigne d'un pas déterminé, sans me retourner.

10

Le loft

Voltàn est parti.

Durant plusieurs semaines, je reste à m'apitoyer sur mon sort, enfermée dans cet appartement rempli de souvenirs morts. Dire qu'il m'a fallu me séparer du Lacandon pour m'apercevoir de l'évidence : mon logement est aussi étouffant qu'un cercueil ! Je n'ai plus goût à rien, je n'écris plus, et je n'essaie même pas de laisser mon imagination me divertir.

Même le miracle de J.E. me laisse de marbre.

« Jeunesse Éternelle », ce doux espoir, cette utopie à laquelle je me suis accrochée, comme s'il était possible, d'un coup de baguette magique, que mon destin change radicalement, que le bonheur soit soudain fait pour moi… J'étais certaine de m'être inscrite à ce programme pour l'argent, mais je me suis bien menti. C'est cette fichue peur de vieillir et d'être seule qui m'a motivée ! Rien d'autre ! Cette peur d'avoir raté ma vie au point d'espérer en fabriquer une nouvelle de toutes pièces.

Quel miroir aux alouettes !

Moi qui me suis sentie si vivante, si jeune avec Voltàn !

La désillusion a un goût amer.

Et puis, un matin, après une énième nuit de cauchemars et d'insomnies, je m'ordonne de m'extraire de ce marécage gluant d'idées noires, de lamentations et d'inactivité. Je m'investis dans ce projet qui me fait rêver depuis des années : acheter un loft. Je dépense le peu d'énergie qu'il me reste à dénicher la perle rare, ce cocon dans lequel je me sentirai si bien que je pourrai repartir à zéro.

Trois mois plus tard, je suis installée dans un ancien atelier au cœur du Lower East Side, le quartier populaire du sud de Manhattan. Accaparé par ce nouveau tournant, mon cerveau se libère de mon obsession pour Voltàn – du moins en apparence –, et je reprends goût à ce qui m'entoure.

Je me plais entre ces nouveaux murs ; pour la première fois de ma vie, j'ai aménagé mon logement avec beaucoup de soin. Après presque un semestre d'abstinence, j'essaie de me remettre à l'écriture. Mais j'ai du mal à reprendre un rythme, à retrouver une véritable envie. Les idées tourbillonnent dans ma tête, sans que rien de concret ne se couche sur le papier, et ma concentration patine. Je cherche désespérément des personnages capables d'exciter mes sens, de me donner le désir de les suivre. Hélas, mon esprit refuse de coopérer. Au gré des heures, il perd le fil de la trame que j'ai tissée, et le lendemain, je suis obligée de tout recommencer.

Je ne parle même pas du désert de ma vie sociale.

Je décide enfin de ne plus me laisser aller, et je me concocte un planning censé m'éviter de retomber dans l'oisiveté. Des horaires réguliers, un peu de sport, une alimentation saine, et surtout fini le repli sur soi ! Je sors de chez moi, même s'il m'est difficile de n'avoir personne avec qui partager mes découvertes, personne avec qui aller au restaurant ou voir un film, refaire le monde autour d'un verre...

Mes habitudes changent. Le crépuscule n'est plus réservé à l'écriture ; j'en profite maintenant pour arpenter les rues enveloppées de leur sombre manteau. Ces errances nocturnes sont de plus en plus longues et grignotent mon sommeil, mais elles me permettent de me sentir vivante. Je m'aventure au hasard dans les quartiers les plus animés, flâne sous le ciel étoilé ou me réfugie dans des lounges pour absorber l'énergie qui y règne.

Jusqu'à ce que, parfois, je perde la notion du temps et mon chemin.

*

Il est cinq heures du matin.

Je traîne sur une avenue bordée de vitrines éclairées et décorées de telle sorte qu'un simple coup d'œil vous donne l'envie de vider votre compte en banque. Je vadrouille d'une devanture à l'autre, comme une gamine émerveillée par les jouets exposés pour Noël. Je m'arrête devant une librairie, détaille les couvertures des dernières nouveautés, et mes yeux se figent sur un livre épais, ouvert sur un cliché en noir et blanc. Quelque chose m'y interpelle. Un je-ne-sais-quoi de familier. J'essaie de lire le nom de l'auteur, malheureusement il s'agit d'un collectif d'artistes, à qui on a demandé de travailler sur un sujet vendeur : les enfants du monde.

La photo montre une fillette. L'intensité de son regard, la lumière projetée sur son grain de peau, la gravité de son expression, le cadrage : tout dans cette image me procure une émotion inexplicable, très puissante.

Je rebrousse chemin en ne songeant qu'à cette gamine au visage sérieux. Est-ce que je la connais ? Mes pensées et moi tournons en rond. Au bout d'une heure, j'ai mal aux pieds ; je hèle un taxi. Je suis si épuisée que je ne me souviens même plus de mon adresse. Je dois consulter ma carte d'identité pour communiquer le nom de ma rue au chauffeur, qui s'impatiente malgré la somme astronomique qui s'affiche déjà au compteur.

Pendant le trajet, je lisse mes cheveux entre deux doigts – un geste qui me rassure depuis l'enfance. J'observe la ville, que le jour effleure de quelques coups de pinceau mauves. Une nouvelle activité est en train de naître sous mes yeux.

Quand je claque la porte de mon loft, je pousse un soupir de soulagement et m'écroule sur le sofa en m'enroulant dans mon plaid de laine douce. Je ferme les paupières. J'ai beau être exténuée, le sommeil refuse de me porter dans les bras de Morphée. Cette nuit a été si perturbante… Pas tant le fait d'avoir oublié mon adresse, non : c'est la photo qui ne quitte pas mes pensées.

Au réveil, il me faut un moment pour me rappeler les événements de la veille. Une migraine atroce me martèle les tempes, et des tremblements agitent convulsivement mes jambes.

Je me redresse lentement, une main sur la table basse, tangue quelques instants, puis, une fois certaine de mon équilibre, traîne les pieds jusqu'à la salle de bains.

Peut-être que je couve quelque chose, une grippe ou une mauvaise gastro ?

Je colle ma paume contre mon front. Je ne suis pas chaude. Pas de fièvre, c'est que tout va bien. J'inspecte mon visage dans le miroir. Je suis surprise que mes errances nocturnes chiffonnent à peine mes traits : juste des cernes légers sur mon teint à peine brouillé, que je ravive d'une rasade d'eau claire.

Après la douche, je brosse mes cheveux d'une douceur et d'une brillance que je ne leur ai jamais connues. Je souris. Tout de même, ce programme J.E. est miraculeux. En trois ans, il semble avoir grappillé une dizaine d'années sur mon visage et mon corps. « Constatation exagérée, a rétorqué l'un des médecins du projet lorsque je lui ai fait part de cette observation. Votre organisme ne vieillit plus, mais il ne régresse pas non plus. » Et pourtant, je me sens métamorphosée. Mon épiderme me paraît moins froissé, plus soupe, plus lisse. Je peux largement me passer de maquillage.

Comme dans ma jeunesse…

Je trace tout de même un trait de khôl à la base de ma paupière, et admire le résultat.

Un jour, ma mère – ou était-ce ma gouvernante ? Bah, peu importe ! – m'a confié que, d'après elle, seule la chair s'affaiblit. L'esprit conserve sa hardiesse, bien que certaines expériences le rendent plus sage. Je sais aujourd'hui qu'elle avait raison. Dans ma tête, j'ai encore vingt ans.

Un coup de mascara.

Je n'ai pas peur de vieillir ni de mourir. J'ai juste envie de préserver cette fougue de la jeunesse qui permet de profiter de la vie. Si mon corps m'y autorise, en n'accusant pas le poids des ans, alors c'est tant mieux. J'ai envie qu'on me regarde, qu'on me trouve séduisante, que les hommes se retournent sur mon passage.

Un soupçon de gloss sur mes lèvres.

Pourtant, au fond de moi, quelque chose me crie que l'essentiel est ailleurs. Que notre chemin devrait suivre le cycle naturel des saisons. Oh ! Je ne demande pas qu'on me rende mes vingt ans, au contraire ! J'adore en avoir quarante... sans les inconvénients.

Une touche de blush pour finir...

Je suspends mon geste, le pinceau à trois centimètres de ma pommette. Dans le miroir, mon bras dissimule la moitié de mon visage, tel un voile plaqué par le vent qui mangerait ma tempe, mon œil gauche, jusqu'à mon nez.

Un flash me traverse l'esprit.

La photo.

Cette photo. Celle de la vitrine, cette nuit. L'intensité du regard qui m'a happée. Comment cela a-t-il pu m'échapper ?

Je me hâte d'enfiler un pull et un jean, j'attrape mon sac, mon trousseau de clefs et je sors du loft. Sur le palier, je m'aperçois que je suis tremblante. Je ne me souviens plus ni du nom de la rue ni de celui de la librairie. Trou noir sur la moitié de la nuit. À peine quelques détails un peu diffus. Comme si j'avais été complètement ivre !

Mon front se couvre de fines gouttelettes d'une sueur froide. Je dois être malade ! Je fais demi-tour et me remets au lit.

Tout l'après-midi, je reste plongée dans un étrange sommeil tissé de songes obscurs et entrecoupés de rares périodes de lucidité. C'est la sonnette qui me tire de cette torpeur. Je m'assieds au bord du lit, l'oreiller contre le ventre, à me demander si je n'ai pas rêvé. Deuxième coup de sonnette. Je me lève et cours ouvrir.

– Je te réveille ? s'étonne une jeune femme.

Ses cheveux teints en orange, aussi fins que des fils de soie, ont été figés par le passage d'un lisseur.

– Euh... oui, mais ce n'est rien.

Je ne l'invite pas à entrer. Je la détaille avec insistance, attendant qu'elle se présente.

– Shanel... On dirait que tu ne me reconnais pas ! Arrête, tu me fais flipper !

De sous son bras dépasse un paquet.

– Désolée, je suis malade. Je dois avoir l'esprit embrumé... C'est juste ton prénom qui m'échappe...

– Tu me taquines, hein ? Karen... ton ancienne voisine de palier.

– Karen, bien sûr ! dis-je en me frappant le front. Je suis complètement dans les vapes.

Je m'écarte pour la laisser entrer.

– Pas de problème, marmonne-t-elle. En fait, je passais juste en coup de vent. Le facteur a déposé ça pour toi à ton ancienne adresse. Et comme ton suivi de courrier ne fonctionne plus...

– Merci, c'est très gentil de ta part. Tu ne veux pas entrer ?

– Non, vraiment, je suis pressée, dit-elle en s'esquivant déjà. Salut !

Je referme la porte en grimaçant. Ça me revient, maintenant : d'habitude, cette Karen est du genre à s'incruster. J'avais même plutôt tendance à la fuir, autrefois.

J'arrache le papier qui entoure le colis et déloge un livre souple, dont la couverture présente un kaléidoscope de multiples clichés. Je le feuillette, et une carte glisse sur le sol. Au recto, un portrait. Mon cœur bondit, et ma gorge se serre. C'est la photo de la nuit dernière ! Je ramasse la carte et la parcours des yeux.

Ce n'est pas encore le grand succès, mais c'est un début.

Je voulais partager ce bonheur avec toi.

Voltàn

Voltàn ?

Voltàn...

Voltàn ! Bien sûr ! Cet homme que j'ai aimé, et qui m'a abandonnée pour explorer le monde... Un léger dégoût m'envahit. Voilà pourquoi l'image dans la vitrine m'a interpellée, j'ai reconnu l'œil du photographe, de ce... Flûte ! Quel est le nom de son peuple, déjà ? Ah ! Lacandon.

Un tourbillon d'émotions me submerge : excitation, fierté, rancœur, haine. Ma migraine augmente. Je jette le livre à travers la pièce et cours me réfugier dans mon lit.

Demain, j'irai voir le médecin.

11

Une journée orageuse

– Dis, tu veux manger du coton ?

Léna referma le manuscrit, puis, les mains posées bien à plat sur la couverture, fixa Myrtille en affichant son incrédulité.

– Tu veux pas manger du coton ? insista la fillette en éclatant de rire.

Sur ces mots, elle se redressa et abandonna Léna pour courir vers la bâtisse. Ses nattes tressautèrent dans son dos lorsqu'elle gravit à cloche-pied les marches du perron, puis elle s'engouffra par la grande porte d'entrée en tournoyant deux fois sur elle-même.

Léna leva les yeux au ciel. Cette gamine lui tapait franchement sur les nerfs et, en même temps, elle ressentait pour elle une tendresse singulière. Des sentiments d'une étonnante contradiction. Elle essaya de les chasser en prenant une grande inspiration par les narines.

Suivre l'histoire s'avérait plus difficile qu'elle ne l'avait imaginé au départ. C'était en partie à cause de sa mémoire défectueuse, bien sûr, mais il y avait aussi autre chose, que Léna n'arrivait pas à analyser ni à expliquer. Un petit truc chez la romancière, qui la bouleversait au plus profond de son être. Un écho impossible à percevoir vraiment. Un peu comme chez Myrtille.

Léna rouvrit le roman inachevé, dans l'intention d'entamer un nouveau chapitre.

– *Tchiens* ! s'écria Myrtille, la bouche pleine.

Elle tenait entre ses mains jointes une grosse poignée de guimauves blanches, et un sourire éclatant étirait ses lèvres, déformant encore plus ses joues gonflées par les moelleuses friandises.

– Non merci, déclina Léna.

Sans insister, la fillette s'accroupit près de l'arbre, à un mètre d'elle. Son regard ne quittait pas le manuscrit.

– Je veux lire, moi aussi ! réclama-t-elle après avoir goulûment avalé ses marshmallows.

– Pas question.

– S'il te plaît...

Elle se rapprocha en se dandinant comme un canard.

– Non !

Léna se cala plus confortablement contre le tronc, se détournant volontairement de l'importune. Alors soudain, le roman lui fut arraché des doigts ! La gamine, bien campée sur ses deux jambes, le tenait à bout de bras.

– Rends-moi ça ! s'écria Léna, hors d'elle.

La petite coquine s'éloigna de quelques pas, en levant son butin bien haut au-dessus de sa tête. Léna bondit sur ses pieds.

– Rends-moi ça ! répéta-t-elle d'une voix sourde.

Ses yeux se réduisirent à deux fentes, et un air farouche altéra ses traits. Mais l'espiègle gamine secoua ses deux nattes.

– Je te préviens : si tu ne me le rends pas, tu vas le payer très cher…

– Hon, hon…

Léna fonça sur Myrtille, qui, plus vive, piqua un sprint sur trois mètres et stoppa net. Léna attendit, aux aguets, et, dès que l'attention de Myrtille fut détournée par une abeille qui passait, elle couvrit en trois enjambées la distance qui les séparait et agrippa violemment le manuscrit. Une poignée de feuilles resta entre les doigts de Myrtille. C'en fut trop pour Léna. Devenue blême, elle jeta le roman dans l'herbe et asséna une gifle magistrale à la petite voleuse, puis elle attrapa l'une de ses nattes et tira de toutes ses forces, tandis que, de l'autre main, elle lui labourait le bras avec l'énergie d'un chat sauvage.

– Sale peste ! cracha-t-elle.

Elle récupéra les pages froissées, les glissa sous son tee-shirt et se rua à nouveau sur l'enfant, qui tentait de fuir, pour la plaquer au sol. Là, elle la roua de coups, ses forces décuplées par la rage, l'effort déformant ses traits. Elle frappait, mordait, pinçait, comme si la raison l'avait abandonnée, jusqu'à ce qu'on la soulève pour l'éjecter quelques mètres plus loin.

– Calme-toi ! gronda un homme derrière elle, qui la bloquait par terre.

Léna essaya de se débattre, en vain. La poigne de fer qui la maintenait au sol ne lui laissait aucune chance. Trois infirmières s'affairaient déjà autour de Myrtille – du sang coulait de sa narine droite et de sa lèvre inférieure. Quand elles furent certaines que la petite n'avait rien de grave, elles se tournèrent d'un bloc vers Léna. L'une d'elles avisa le manuscrit dans l'herbe et le ramassa. Elle l'observa, mais ne le feuilleta pas.

Léna avait été remise sur ses pieds. L'homme la tenait toujours fermement, aussi affichait-elle un calme apparent. Mais elle bouillait intérieurement. Et, dès qu'elle sentit l'emprise faiblir, elle se dégagea avec souplesse et se précipita sur la femme en blouse blanche pour lui arracher le roman des mains. Elle le fourra sous son tee-shirt, bien coincé dans son pantalon, et grimpa dans son arbre, où elle s'installa à califourchon sur une branche.

– Descends de là ! lança l'infirmier, furieux d'avoir fait preuve d'une telle négligence.

Léna ne l'entendait pas. Non. Elle refusait de l'entendre.

De gros nuages noirs s'étaient amoncelés dans le ciel. Le tonnerre claqua.

– Descends ! répéta l'homme.

Elle secoua la tête.

– L'orage est juste au-dessus de nous. C'est dangereux de rester là, plaida-t-il.

Léna s'en moquait éperdument. Elle ne voulait pas qu'on lui prenne son trésor. Elle ne voulait pas répondre aux questions qu'on allait lui poser. Elle enfonça ses écouteurs dans ses oreilles et se laissa emporter par les chœurs d'*Agnus Dei*, qui couvrirent aussitôt les suppliques de l'infirmier. Elle accorda tout de même un coup d'œil à la gamine, dont les joues étaient rouges et un peu tuméfiées. Mais elle allait bien.

Un éclair zébra le ciel. Trente secondes. Cascade de grondements. Une violente bourrasque ébouriffa les frondaisons et les cheveux de Léna.

Elle sourit.

La luminosité faiblissait.

L'orage se rapprochait.

Une grosse goutte s'écrasa sur son front.

Un éclair. Le tonnerre.

La pluie crépitait maintenant sur les feuilles tendres.

Léna tourna le visage vers la cime de l'arbre. Plus rien d'autre n'existait. Seulement la nature qui l'entourait, et elle, au milieu des éléments déchaînés. En une fraction de seconde, elle fut trempée. L'infirmier avait renoncé à son poste de chien de garde pour se réfugier à l'intérieur de la bâtisse.

Léna plaqua les mains sur son ventre, où se nichait le roman inachevé. Ses émotions étaient à l'image de l'orage : un claquement sourd et puissant. Elle s'en voulait de s'être comportée ainsi avec Myrtille, mais elle lui en voulait encore plus, à elle, d'avoir martyrisé les pages de son précieux trésor.

Une bourrasque plus forte la fit vaciller. Elle se rattrapa de justesse à la branche au-dessus de sa tête, et une soudaine hilarité s'empara d'elle. Elle rit et rit encore, les cheveux dégoulinants de pluie, le visage illuminé par un éclair qui, l'espace d'un instant, le teinta d'une douce folie. La température avait chuté. Léna frissonnait, mais cela lui était égal. Comme il lui était égal d'être dans une situation dangereuse, en haut d'un arbre en plein orage.

Au loin, quelqu'un cria son nom. Puis la voix s'égara dans le bruit du tonnerre.

Et le calme revint.

Subitement.

Seule l'humidité du paysage attesta bientôt de l'orage qui s'éloignait vers l'ouest, en grognant faiblement, tel un animal domestique qu'on vient de rabrouer.

D'un geste délicat, Léna extirpa le manuscrit de sa cachette. Quelques gouttes l'avaient taché, et des auréoles s'étaient formées par endroits. Elle inspecta les pages délogées et les lissa de la main en pleurant. Il y en avait quatre, qu'elle remit à leur place. Elle referma le roman inachevé et prit son carnet, dans lequel elle voulait noter l'incident. Si elle ne le faisait pas, elle oublierait cette terrible offense de la part de Myrtille, et ça, c'était hors de question !

Le soleil revint et inonda le parc de sa lumière bienveillante, transformant la multitude de gouttes en autant de diamants. Le ciel, comme lavé, paraissait pur et plein d'une nouvelle vigueur.

Léna scruta les alentours. Personne. Toujours perchée sur sa branche, les chœurs d'*Agnus Dei* résonnant en boucle dans ses oreilles, elle s'octroya un nouveau moment de lecture.

*

Shanel vida son verre d'une traite. C'était le troisième. Le serveur ne la quittait pas des yeux. Un beau brun, musclé... Enfin, d'après ce que son tee-shirt moulant voulait bien laisser deviner...

*

Léna releva la tête. L'écriture avait changé, et cela la déstabilisait. Pourquoi ce revirement ? Sa mémoire avait beau être défaillante, elle se rappelait parfaitement que tout ce qu'elle avait lu jusqu'ici était écrit à la première personne et au présent ! Voilà qui était troublant...

*

Et cette horrible migraine qui ne la lâchait plus ! C'était usant, à la fin ! Dans le bar, la musique couvrait à peine le brouhaha des conversations ponctuées de rires. Il y avait foule, ce soir-là... ou plutôt, cette nuit.

Je consulte ma montre. Trois heures du matin.

*

Léna tiqua de nouveau. Pourquoi cette phrase à la première personne, maintenant ? Ça l'agaçait. Qu'est-ce qui avait pu arriver à la romancière pour qu'elle devienne aussi inconstante ?

12

Inconstance

J'hésite à arrêter un taxi. Je ne sais même plus de quoi j'ai envie. Continuer ma virée nocturne ? Rentrer ? Je reste indécise, au bord du trottoir, une petite pluie fine mouillant mes cheveux. Je remonte mon col jusqu'à mes oreilles, frissonnante.

– Tu veux que je te ramène ?

Je tourne la tête de trois quarts pour observer l'intrus. Je le connais, ce mec ?

Il glousse :

– Dis donc, tu as trop bu, toi !

– Pas du tout ! Je suis juste fatiguée.

Ah oui, Shanel se souvenait ! Il l'avait accompagnée à une fête donnée par son éditeur...

– Doug, c'est bien ça ?

– Tu te fiches de moi, j'espère ? réplique-t-il en reculant d'un pas.

– Désolée. De toute façon, je préfère rentrer seule. Salut.

Je m'apprête à traverser la rue.

– Ce n'est pas du tout la route de chez toi..., me signale Doug.

Il reste planté là, à m'observer jusqu'à ce que je disparaisse à l'angle de l'intersection suivante, puis il hausse les épaules et fait demi-tour.

Je me mords l'intérieur des joues. En quelques mois, ma mémoire s'est détériorée au point que j'oublie le nom des gens avec qui je sors, au point que je me perds dans mon propre quartier. Pire : au point de ne plus me rappeler le nom de certains objets.

Shanel passait ses nuits à arpenter Manhattan, à boire plus que de raison. Parfois, de plus en plus souvent, elle se joignait aux sans-abris autour de leurs braseros où elle tentait de glaner un peu de chaleur. Elle ne savait plus depuis quand cela durait, assez longtemps pour que son corps soit déréglé. Elle manquait de sommeil, mangeait très mal ou peu, ne travaillait plus. Elle était devenue l'ombre d'elle-même, à la recherche de... De quoi ? Elle avait perdu quelque chose, mais quoi, bon sang ?!

Mes pas me mènent plus loin que je ne le voulais. Où suis-je ? Je ne reconnais rien. Une ruelle sombre. Une odeur tenace d'ordures et d'urine. Des façades détériorées, aux vitres brisées.

Shanel s'enfonçait plus profondément dans l'impasse, vers des voix et une faible lueur. Un grillage l'arrêta. De l'autre côté, un groupe de personnes assises en rond se réchauffait autour d'un feu à même le sol, délimité par des parpaings, deux caddys de supermarché en faction quelques mètres plus loin. Elle compta six hommes et quatre femmes.

– Pssst ! Vous n'auriez pas quelque chose à boire ? osé-je.

Ils se concertent à voix basse, et l'un d'eux éclate de rire. Un rire gras et sonore.

– Tu nous prends pour des richards, ou quoi ? réplique-t-il en se levant.

– Je peux payer...

Le railleur se rapproche.

– Eh ben, poupée, t'es en mal d'sensations pour t'aventurer sur le territoire des cloches ? Y'a plus de quoi s'rincer l'gosier chez les bourges pour qu'tu viennes quémander chez les pauvr' ?

– Écoutez... je cherche juste un peu de compagnie...

Il me jauge de la tête aux pieds.

– Un peu de chaleur humaine, quoi ! gouaille-t-il. Dommage que le grillage nous sépare !

– Fiche-lui la paix, Gros Ed ! J'crois pas qu'la d'moiselle parle de ce genre de compagnie ! Pas vrai, ma jolie ?

Une femme d'une soixantaine d'années nous a rejoints et agrippe le bras du Gros Ed en question.

– Si tu payes, t'es la bienvenue ! ajoute-t-elle.

Je pousse un profond soupir :

– Merci.

– Y'a un trou dans la clôture, à un mètre sur ta gauche.

– Hop, hop, hop ! Minute, papillon ! proteste Gros Ed. Montre l'oseille, d'abord !

J'extirpe quelques billets de la poche de mon jean.

– OK, raboule au chaud, conclut la femme.

Je longe le treillis et me faufile à quatre pattes par l'ouverture. Je salue les personnes autour du feu et m'installe, tendant les mains vers le brasero de fortune pour les réchauffer.

– Ça caille pour une fin de printemps, pas vrai ? fait remarquer la SDF. Au fait, moi, c'est Hilary. Et toi ?

– Shanel.

Shanel mit quelques secondes à comprendre : le printemps était fini ?

– T'as l'air sacrément paumée ! T'es à la rue ?

– Mate ses fringues ! intervient Gros Ed. Tu t'habilles avec ce genre d'frusques quand t'as pas un radis, d'après toi ?

Les autres accueillent cette remarque avec un éclat de rire.

– Ben quoi ? Si c'est tout ce qui lui reste... ?

L'homme grommelle quelques mots avant d'attraper la bouteille qu'un grand gaillard aux cheveux longs et gras lui présente.

Shanel mourait d'envie de goûter à ce breuvage inconnu. Sa gorge était si sèche... Et cette fichue migraine qui lui tapait sur les nerfs !

Je plaque mes mains sur mes tempes. Hilary me saisit l'épaule :

– Ça va pas, mon chou ?

– Mal au crâne, c'est tout.

– Tiens, bois ça ! dit-elle en me tendant une flasque habillée d'un vieux cuir encrassé, qu'elle retient subitement. T'as l'âge légal, au moins ?

Je me raidis, mais son air taquin me rassure.

– Ben, et toi ? répliqué-je sur le même ton, en saisissant la flasque. Tu n'es pas un peu vieille pour vivre dans la rue ?

– Oh que si ! souffle-t-elle. Soixante-sept. Je pourrais être ta mère...

Je hausse un sourcil :

– Ma mère ? Tu exagères un peu. Quel âge tu penses que j'ai ?

– Pas loin de trente, non ?

J'avale une gorgée du liquide mystérieux qui me brûle les lèvres, avant de secouer la tête :

– Je vais sur mes quarante-six.

– Tu me fais marcher ! s'exclame Hilary.

– Non, je t'assure.

Je fourrage dans mon manteau, à la recherche de mon portefeuille – la nuit, je ne m'encombre pas de sac à main. Sans succès.

– Mince, j'ai perdu mes papiers.

– Ouais, comme nous tous ! Allez, bois !

Des phares balayent soudain les alentours. Une voiture s'arrête, et plusieurs personnes en sortent, habillées de vestes estampillées SAPED[1]. Après discussion, quatre d'entre nous acceptent de monter dans leur fourgon, pour aller attendre le petit matin dans un centre d'urgence.

---

1. Solidarité aux Personnes en Détresse.

– Mademoiselle ?

Je fixe l'homme, qui a une capuche remontée sur la tête.

– J'ai un logement, merci. Je vais rentrer chez moi.

– Mais je vous reconnais ! s'enthousiasme-t-il. Vous êtes Shanel Kay, la romancière !

Le Gros Ed, Hilary et les autres me fusillent des yeux, les traits figés par l'indignation et l'écœurement.

– Et voilà : une bourge en mal d'adrénaline ! crache Gros Ed sur le ton de l'évidence.

Le regard éteint, Hilary me tourne le dos. Elle s'éloigne à pas lents, la tête rentrée dans ses épaules baissées. Je frissonne. Qu'est-ce que je fais là ?

– Ça va pas, madame Kay ? Vous êtes certaine de ne pas vouloir venir avec nous ? insiste l'homme du SAPED.

Shanel se tourna vers lui et glissa son bras sous le sien. Elle se souvenait de son adresse maintenant.

– Si vous pouviez m'avancer vers chez moi, ce serait très aimable à vous, oui. Merci.

*

– Tu veux bien descendre de là, s'il te plaît ?

Mary, les poings sur les hanches, le regard soucieux, s'appuyait contre le tronc. Léna la scruta un moment. Elle voulut d'abord la chasser, puis se ravisa. Elle avait froid.

Terriblement froid. Que faisait-elle là, perchée dans cet arbre ? Pourquoi ses vêtements étaient-ils mouillés ?

– Je t'en prie, ma chérie…

– C'est trop haut ! gémit Léna en glissant le manuscrit sous son tee-shirt.

– Bon, on va t'aider. Ne bouge pas !

Une échelle fut bientôt posée sur une branche, tout près de Léna. L'infirmier y grimpa et, arrivé à son niveau, lui tendit la main.

– Accroche-toi à moi. Ne t'inquiète pas, tout va bien se passer.

Enfin sur le sol, Léna se précipita vers Mary en grelottant et s'abandonna dans ses bras, en pleurs.

*

Andrew scrutait le parc, le front plissé de rides soucieuses.

Nancy, la thérapeute du Centre, l'avait alerté sur les difficultés que causait Léna. Il avait aussitôt annulé ses rendez-vous et roulé comme un fou jusqu'à Valhalla, en remarquant à peine l'orage qui se déchaînait au-dessus de lui. Au volant, il ruminait. Si Léna avait pu être admise au Centre des Aigles Bleus, c'était uniquement grâce à sa notoriété de neurologue. Il n'avait rien dévoilé sur l'origine de son mal, allant jusqu'à falsifier le dossier pour que le cas de Léna passe pour un problème de mémoire « classique ». Heureusement ou malheureusement, s'était-il dit, Léna mourrait sans doute avant que la supercherie soit démasquée.

Il s'était garé à côté de l'auto de Mary, tremblant malgré le chauffage à fond. Il avait couru dans l'allée, grimpé les marches quatre à quatre et s'était arrêté sur le perron pour observer les derniers signes de la tourmente qui abandonnait la nature délavée.

Cela faisait maintenant dix minutes qu'il avait été introduit dans le bureau de Nancy. Il attendait devant la fenêtre à unique vantail que le directeur du Centre daigne honorer de sa présence ce rendez-vous improvisé. Un bref coup à la porte, et l'homme apparut, ses petites lunettes rondes soulignant son large visage carré.

– Merci d'être venu aussi rapidement, dit-il à Andrew en lui serrant énergiquement la main.

– Que s'est-il passé ? s'enquit le neurologue entre ses dents serrées.

Nancy expliqua à nouveau la situation, d'une voix paisible et posée. D'un ton proche de celui qu'on utilise avec un enfant, ce qui irrita profondément Andrew.

– Sa grand-mère est ici, conclut-elle.

Andrew se tourna à nouveau vers la fenêtre.

– Ce genre de conduite est incompréhensible, affirma le directeur. Qu'est-ce que vous nous cachez, Goodwin ?

Difficile de faire plus direct.

– Et vous, qu'est-ce que vous insinuez ? répliqua Andrew en lui faisant face.

– La réponse est dans ma question.

Effectivement. Andrew voulait juste gagner un peu de temps.

– Ne me dites pas que Léna est votre seule patiente à avoir des accès de colère !

– En trente années à ce poste, je peux vous assurer que j'ai vu très peu de cas de violence. Les adolescents que nous accueillons ont des problèmes mnésiques, pas des problèmes de comportement.

– Très peu, ce n'est pas aucun.

– À quoi jouez-vous, docteur Goodwin ? intervint Nancy, les sourcils froncés.

Le directeur l'arrêta d'un geste de la main.

– Pour répondre à votre affirmation, en effet : très peu, ce n'est pas aucun. Mais les quelques-uns que j'ai rencontrés présentaient en fait d'autres troubles, qui devaient être soignés dans une unité différente. Dès ceux-ci décelés, nous avons agi en conséquence. Pour le bien de nos jeunes patients.

– Quelle affection soupçonnez-vous ?

Nancy fusilla Andrew du regard.

– À vous de nous le dire ! lui opposa-t-elle.

– Confidentiel.

– Vous nous faites le coup du secret médical ? s'écria Nancy. C'est tout ce que vous avez trouvé comme ânerie ? Je suis quoi, moi, d'après vous ? Femme de chambre ? Cette jeune fille perturbe les autres patients. Si vous ne nous expliquez pas tout de suite de quoi il retourne, vous devrez trouver un autre centre.

Andrew expira lentement en pinçant les lèvres. Il détestait être acculé autant que mentir.

– Non, vous n'êtes pas femme de chambre. Mais, malgré votre fonction, je n'ai pas le droit de vous révéler certains détails de son dossier. Vu son état, la prison lui serait fatale. Et c'est bien ce qui risque de lui arriver si l'origine de son mal était divulguée. Je suis désolé.

Et il l'était sincèrement.

– Je m'occupe d'elle depuis quelques années, poursuivit-il. Je vous en prie, faites-moi confiance. Il ne lui reste que peu de temps à vivre.

Les traits du directeur s'étaient adoucis.

– Vous pouvez arrêter votre plaidoirie, docteur. Mais encore un acte de cet acabit, et elle sera expulsée. Est-ce que c'est clair ?

– Oui. Merci.

13

Pneumonie

Le soleil inondait la chambre, zébrant les murs à travers les lamelles verticales du store. Il faisait chaud, très chaud. L'atmosphère était étouffante, et une odeur désagréable imprégnait chaque fibre de tissu, chaque particule de poussière.

Léna en avait mal au cœur. Elle observait le plafond, les yeux fixes. De vulgaires plaques de polystyrène séparées par des bandes grisâtres. Où était-elle ? Elle ne s'en souvenait pas. Elle ne percevait que la douleur qui vrillait ses bronches à chaque respiration, le froid dans ses veines, les courbatures, l'asthénie persistante. Un bruit attira son attention sur sa droite. Elle tourna doucement la tête en grimaçant.

– Bonjour. Comment te sens-tu ce matin ?

C'était une femme vêtue d'une blouse blanche, un plateau à la main.

– Où suis-je ?

La voix rauque de Léna lui déchira le larynx.

– Au NYPH.

Léna examina ses bras : des tuyaux s'y enfonçaient, reliés à différentes machines qui clignotaient.

– Pourquoi ?

– Pour aider tes poumons.

Elle détestait l'attitude compatissante de cette femme et ce regard débordant de pitié.

– J'ai juste un problème de mémoire, je ne suis pas débile ! aboya-t-elle.

L'infirmière rougit.

– Tu as été transportée d'urgence, il y a bientôt trois semaines.

– Trois semaines ?!

– Tu es restée en soins intensifs pendant vingt jours. Tu étais inconsciente.

– Qu'est-ce qui s'est passé ?

– Double pneumonie.

Une ride soucieuse creusa la ligne médiane du front de Léna.

– Il y a autre chose, n'est-ce pas ? On ne reste pas inconscient aussi longtemps à cause d'une pneumonie, pas à seize ans…

Elle était assez contente de pouvoir rétorquer cela, de se rappeler son âge sans avoir consulté son carnet.

– Quinze.

– Quinze quoi ?

– Quinze ans. Tu as quinze ans.

– Ah bon ? Pourtant, j'étais sûre que...

– Écoute, j'ai d'autres patients qui m'attendent. Le médecin viendra te voir dans une heure.

Léna détourna la tête et tenta de s'évader mentalement par la fenêtre. La porte émit un couinement, confirmant que l'infirmière était partie. Une pneumonie... n'importe quoi ! Certes, elle souffrait au niveau de la poitrine, mais elle avait l'impression diffuse qu'on lui cachait quelque chose. Peut-être son calepin contenait-il des réponses à ses questions ?

Elle jeta un coup d'œil à sa table de chevet. À part un verre et une carafe pleine d'eau, il n'y avait rien. Rien non plus dans les deux tiroirs. Une angoisse sourde monta à l'intérieur de Léna. Sans son précieux carnet – sa mémoire virtuelle –, elle se sentait complètement nue, une coquille vide et stérile.

Elle s'assit sur le lit, les mains serrées l'une contre l'autre dans une étreinte crispée. La pièce tanguait autour d'elle. Un brouillard enveloppait chaque meuble, chaque recoin ; même les murs paraissaient vagues. Léna agrippa les bords du matelas pour ne pas tomber en arrière, et la brûlure dans ses bronches lui arracha un cri. Une larme mouilla sa chemise de nuit, dessinant sur le tissu une petite pastille transparente.

Léna se força à se calmer, en vain. Rien qu'à voir ces tuyaux, qui l'empêchaient de se déplacer, la rage montait en elle. Le mieux était de se rallonger et d'attendre le médecin. Seulement, d'ici à ce qu'il arrive, se souviendrait-elle qu'elle voulait son carnet ? Pas sûr.

Elle avisa la sonnette d'urgence et appuya dessus. L'ampoule rouge se mit à clignoter. Elle commença à compter les secondes, puis s'interrompit. Non, le carnet. Elle ne devait penser qu'à ça. Il s'écoula une éternité durant laquelle elle se répéta en boucle « carnet, carnet, carnet ». Régulièrement, son esprit essayait de s'échapper, attirant son attention sur autre chose. Une mouche. Le dessin géométrique des stores. Des pas résonnant dans le couloir. De la musique dans la chambre voisine. La froidure du liquide propulsé dans ses veines. L'un de ses ongles, cassé. La fatigue extrême qui la berçait doucement. Cette atroce difficulté à respirer.

Quand la porte s'ouvrit enfin sur une aide-soignante, Léna la fixa bêtement. Elle avait oublié. Oublié son carnet. Oublié qu'elle avait sonné. Oublié.

Son menton tremblota, ses lèvres formèrent un mince filet tordu, tandis que des soubresauts convulsifs secouaient son corps tendu comme un arc. Ses mains n'étaient plus que deux poings aux articulations blanchies. Un désespoir immense agrandissait ses yeux.

– Là... doucement..., l'apaisa l'aide-soignante en franchissant les deux enjambées qui la séparaient d'elle.

Elle posa sa paume fraîche sur le front moite de Léna et caressa ses cheveux d'un geste tendre.

– Chut... tout va bien, répéta-t-elle d'une voix enveloppante.

Petit à petit, Léna se calma, jusqu'à ce que le pneumologue entre dans la chambre. Alors, un éclair de lucidité s'empara de son cerveau.

– Où est mon carnet ? lui demanda-t-elle.

L'aide-soignante sortit de la pièce. Le médecin s'approcha du lit.

– En sécurité, avec le reste de tes affaires.

– Je le veux.

– On va te le rendre. Tu sais, tu as bien failli nous quitter et...

– Donnez-moi mon carnet !

– Nous allons d'abord discuter un peu...

– Mon carnet, tout de suite !

Elle affrontait le regard de l'homme sans ciller. À nouveau, la rage gonflait son cœur.

– Écoute, ton corps ne va pas bien, et j'aimerais en savoir plus sur...

– Vous êtes sourd ? Mon carnet ! Je veux mon carnet ! Cessez d'agir comme si vous vous trouviez face à une gamine ! J'ai passé l'âge de ces enfantillages, et je vous somme une dernière fois de me restituer mon bien !

– Madame, je vous prie de vous calmer ! cria le pneumologue, perdant patience.

Il s'interrompit aussitôt, semblant lui-même surpris par ce « madame » qui venait de franchir ses lèvres. Léna aussi était étonnée, mais il fallait qu'elle reste concentrée sur l'essentiel.

– Mon carnet !

– Bon, je vais chercher le docteur Goodwin. Je reviens !

Il s'éclipsa si vite que Léna ne put le retenir.

– Rendez-moi mon carnet ! hurla-t-elle encore.

Elle attendit. Personne.

– JE VEUX MON CARNET !

D'un geste vif, elle retira les tubes dont elle était affublée, hors d'elle, se cognant le crâne contre le mur derrière elle. Elle s'extirpa du lit, chancelante, pour se diriger vers l'unique armoire près du cabinet de toilette. Elle découvrit ses vêtements soigneusement pliés et les envoya valser dans la pièce.

Aucune trace de son carnet.

– Rendez-moi mon carnet…, sanglota-t-elle.

Désespérée, elle se laissa glisser sur le sol et frappa le mur de toutes ses forces. Encore et encore. Jusqu'à s'en faire saigner les mains. Jusqu'à avoir une respiration courte et hachée. Elle parcourut à quatre pattes les quelques mètres qui la séparaient de la porte de sa chambre.

– S'il vous plaît, mon carnet…

Personne ne l'entendait ou ne daignait l'entendre. Elle était seule. Vide. Nue malgré sa chemise de coton rêche.

– Oh, mon Dieu !

Léna leva son visage ravagé par la douleur vers celui qui venait d'entrer. Il se pencha pour l'aider à se relever.

– Mon carnet…

L'oxygène lui manquait, et parler lui demandait un effort colossal. L'homme la porta sur le lit tandis que l'aide-soignante pénétrait en trombe dans la chambre sens dessus-dessous.

– Vous pouvez ranger tout ça ?

– Bien sûr, docteur Goodwin.

– Mon carnet…

Andrew s'éclipsa un instant pour revenir avec une enveloppe, qu'il tendit à Léna. Elle la décacheta et éclata en sanglots.

– Mon carnet !

Soulagée, elle le rangea sous le drap, tout contre sa hanche, et ce contact sur sa peau agit comme un baume sur son cœur. Elle ne prêta pas attention à l'infirmière qui se hâtait de la rebrancher à tous ses tubes.

– Je suis désolé pour ton carnet, lui chuchota Andrew. Ils ne te le prendront plus, je te le promets.

Il se redressa et demanda à l'infirmière :

– Qui le lui a confisqué ?

– Ewans.

– J'avais pourtant prévenu que je devais être au courant de tout ce qui concerne cette patiente. Et en être informé dès qu'elle se réveillerait, martela-t-il d'une voix cinglante. Restez près d'elle, le temps que je retrouve ce crétin.

Il fit volte-face sous le regard effaré de l'infirmière et de l'aide-soignante. Léna, elle, ferma les yeux. Tout allait bien, maintenant. Elle avait de nouveau sa mémoire. Tout contre elle.

14

Je vais mourir

Après cet épisode, Léna mit trois jours à se rétablir, trois jours plongée dans un sommeil sans rêve avec de courts moments de conscience, si courts que personne ne s'en aperçut.

Depuis qu'il avait passé un savon au docteur Ewans, Andrew Goodwin veillait personnellement sur sa petite patiente, exigeant un rapport minutieux deux fois par jour. Léna était un cas à part. Elle devait être protégée d'elle-même, entourée de gens de confiance, et éviter toute perturbation. Au stade où elle en était, il ne pouvait plus faire grand-chose d'autre, si ce n'est l'accompagner vers l'inéluctable.

Il remonta ses lunettes sur son nez. Il était debout, face à la fenêtre de son bureau, et scrutait l'arrivée des voitures sur le parking. Il attendait Mary. La vieille dame était bardée de principes stricts et de préjugés, mais elle avait été d'une aide salutaire quand il était devenu indispensable de loger Léna.

Andrew Goodwin, les bras croisés dans le dos, leva les yeux vers une hirondelle qui planait dans le ciel, bientôt suivie d'une ribambelle d'autres. La vie en liberté. L'amitié. La fidélité. Voilà ce qu'inspiraient ces oiseaux – les préférés de Léna – et ce qui manquait cruellement à sa patiente. Avec elle, il était dans une impasse qui le rongeait. Oh, il n'était pas le seul médecin à devoir annoncer une mauvaise nouvelle à un patient, et ce n'était pas la première fois que ça lui arrivait. Mais, avec Léna, tout était inédit, différent.

Depuis le début. Depuis ce jour où il l'avait rencontrée pour la première fois à l'hôpital. Il avait appris comment elle en était arrivée là. Comment elle avait été affligée de cette infection inconnue, qui devait rester secrète pour le reste de la population. Une poignée de condamnés, qui, aujourd'hui, ne devaient plus être bien nombreux.

Andrew savait pertinemment que Léna ne se souviendrait pas de l'annonce de sa mort prochaine – quoique, parfois elle parvenait à l'étonner. Tout comme elle avait impressionné cet imbécile d'Ewans ! Dans son inconscient, elle gardait encore des traces du passé, et une forme de lucidité très mal contrôlée, imprévisible. Toutes les recherches qu'Andrew avait effectuées sur le cerveau ne lui servaient à rien. Celui de Léna ne réservait que des surprises ; il faisait s'écrouler les théories les unes après les autres.

Ses carnets auraient peut-être pu le guider, mais Andrew se refusait à les lire, même en cachette. Léna avait été assez claire sur la question, et cette interdiction était révélatrice de cette part de discernement encore ancrée en elle. Toucher à son carnet revenait à manipuler son cerveau, et cela, elle ne l'autoriserait plus jamais.

On frappa un coup à la porte.

– Oui ?

– Docteur, votre rendez-vous vient d'arriver.

– Faites-la entrer.

La secrétaire s'effaça pour laisser Mary pénétrer dans le bureau.

– Comment va-t-elle ?

– Elle est hors de danger.

Le petit rictus au coin des lèvres de la vieille dame empourpra les joues d'Andrew.

– Je veux dire… nous n'avons plus rien à craindre de la pneumonie.

– Elle va mourir, mais pas de cela.

– Oui. Pardon, je me suis mal exprimé.

– Vous avez fait d'autres tests ?

Le médecin acquiesça avant de préciser :

– La dégradation de ses cellules s'est encore accélérée.

– À quel stade en est-elle ?

– D'après les résultats, ses cellules ont maintenant quatre-vingt-dix ans.

– A-t-elle eu de nouvelles crises de violence depuis la dernière fois ?

– Non, elle est apaisée. Mais elle n'a pas réellement repris connaissance, à part ce matin.

– Puis-je la ramener à la maison, comme prévu ?

– Tout à fait.

Mary sortit un mouchoir en tissu de sa poche et s'essuya le nez.

– Excusez-moi. Une allergie...

Andrew hocha la tête, compréhensif.

– Quand comptez-vous le lui annoncer ?

– Dans quelques minutes, si vous m'accordez une faveur.

– Laquelle ?

– Je voudrais que vous soyez là.

Mary poussa un long soupir.

– Elle n'a que vous, plaida Andrew.

– Et Étaine ?

– Étaine n'est pas là, et je doute que le corps de Léna tienne le coup jusqu'à son retour avec cette fameuse plante miraculeuse... Il faut que je lui dise la vérité ; c'est mon devoir de médecin.

– J'y crois, moi, à la quête d'Étaine, affirma Mary.

– Vous y croyez ou vous cherchez à vous en persuader ?

– Quelle importance ? Ça vaut la peine d'essayer. Pour elle. Et la poignée d'autres naïfs...

– Quoi qu'il en soit, je me sentirai mieux pour lui annoncer la nouvelle si vous êtes à mes côtés.

– D'accord, capitula Mary.

*

Léna, assise en tailleur sur son lit, le dos calé par deux oreillers, relisait son carnet. Ses bras, vierges de toute perfusion, portaient juste les dernières traces de contusion. Sa peau était devenue diaphane, et ses joues creuses lui donnaient un air fantomatique, accentué par les cernes noirs sous ses yeux.

Elle tournait distraitement les pages, son crayon calé entre ses lèvres serrées, quand la porte de sa chambre s'ouvrit. Elle n'y prêta pas attention, trop absorbée par ses notes, qu'elle tentait de se réapproprier comme un disque-dur chargeant les informations envoyées par un ordinateur. Sur chaque page, son écriture lui semblait différente, parfois assurée ou au contraire vacillante, parfois formée de lettres bien rondes ou de véritables pattes de mouche, parfois rédigée avec des stylos de couleur, parfois au crayon à papier. Comme si plusieurs personnes, voire une multitude de personnes, avaient rédigé ces mots. Comme si plusieurs personnes coexistaient en elle...

– Ma chérie, nous aimerions te parler de quelque chose de très important.

Mary posa son sac à même le sol et frotta ses mains moites sur sa jupe.

– Nous allons rentrer à la maison, mais d'abord... tu dois nous écouter.

Léna garda les yeux braqués sur son carnet. Andrew et Mary se consultèrent du regard. Le neurologue avança à son tour, s'éclaircit la gorge avant de déclarer :

– Voilà. Ton corps est de plus en plus faible et...

– Je vais mourir.

Mary se précipita vers le carnet et s'écria :

– Quand as-tu écrit ça ?

– Peu importe, tempéra Andrew. Elle est au courant, c'est tout ce qui compte.

Il tenta d'expliquer à Léna ce qui se passait dans son corps, mais elle ne l'écoutait pas. Elle n'écrivait rien dans son carnet. À quoi bon ? Elle allait mourir, et les médecins ne pouvaient rien pour elle. En effet, que pouvaient-ils faire contre le vieillissement d'un organisme usé par la vie ?

À cette pensée, Léna fronça les sourcils. Mais enfin, elle n'avait que seize ans… non, quinze – elle ne savait plus. Elle ne souhaitait qu'une chose : rentrer chez elle, retrouver le cadre rassurant de sa chambre et de ses objets personnels, du Centre et de son rythme quotidien. De petits repères dans son existence, indispensables à son équilibre mental.

Quand enfin elle retrouva sa chambre, Léna sentit les larmes lui monter aux yeux. L'odeur de la maison, les couleurs familières qui l'entouraient, la luminosité qui filtrait à travers les persiennes et formait des dessins éphémères sur le papier peint mauve parsemé de post-it jaunes… Tous ces petits riens lui donnaient une impression d'immense soulagement. Elle les reconnaissait, ces éléments qui ponctuaient son quotidien. Les lieux, elle parvenait assez bien à s'en souvenir. Elle inspira profondément pour s'imprégner de ce décor qui lui semblait la définir. Qui lui rappelait qui elle était, quelle était son identité. Sa seule identité.

Son planning précisait que le déjeuner aurait lieu à 13 heures. Elle avait deux heures devant elle. Elle s'installa sur son matelas et ouvrit son carnet.

Myrtille a arraché des feuilles du manuscrit. Je lui ai donné une bonne correction.

Le manuscrit !

Léna chercha dans son carnet l'endroit où elle cachait *Mémento.* Puis elle bondit du lit, l'extirpa de sous son sommier, coincé entre les lattes de bois recouvertes d'un tissu au motif floral. Le manuscrit portait les traces de l'orage, certaines pages étaient cornées ou gondolées par les gouttes d'eau. Léna s'en fichait : il lui plaisait même plus ainsi ! Comme s'il portait des preuves de vie.

Elle le caressa du bout des doigts, et voulut reprendre ses notes pour pouvoir poursuivre sa lecture. Mais elle interrompit son geste. Le visage de Myrtille, marqué par les coups, s'imposa soudain à sa conscience. Brutalement. La douleur irradia de nouveau les poumons de Léna, l'air lui manqua. Comment avait-elle pu agir avec une telle sauvagerie ? Comment avait-elle pu se montrer aussi cruelle ? Elle devait absolument revoir la fillette et s'excuser.

15

Étaine, ma sœur

Un énième matin étire sa brume mauve sur la ville qui émerge doucement de sa torpeur nocturne.

Je marche au hasard dans les artères de New York, absente. Je n'arrive plus à m'orienter ni à me rappeler quel chemin je dois emprunter pour rejoindre mon loft. Chaque carrefour me paraît nouveau, à croire que j'ère dans la cité pour la toute première fois. Je suis épuisée, mes pieds gonflés souffrent de l'étroitesse de mes escarpins, et le froid traverse ma robe légère. Je frissonne, les bras croisés sur ma poitrine pour tenter de me réchauffer un peu. Mes talons hauts claquent sur le bitume à chaque foulée qui me mène vers l'inconnu.

Ce magasin au coin de la rue lui disait quelque chose. Une petite épicerie fine qui recelait une multitude de produits internationaux. Elle y avait acheté de délicieux fromages français, autrefois.

Je m'arrête pour regarder autour de moi. Mais oui, je suis dans mon quartier ! Soulagée de reconnaître un endroit familier, je bifurque instinctivement sur la gauche. Mon immeuble se découpe à quelques pas ; j'accélère le rythme jusqu'à la porte d'entrée.

– Mademoiselle Kay ? Qu'est-ce qui vous amène de si bonne heure ? s'exclame une voix masculine dans mon dos.

– Eh bien... je rentre me coucher, dis-je en jetant un coup d'œil par-dessus mon épaule.

Le concierge, un homme tout en muscles, à la peau noire et mesurant presque deux mètres de haut, me fixe d'un air ébahi. Il esquisse un sourire gêné, dévoilant une belle rangée de dents blanches, et hausse un sourcil.

– Vous me faites une blague, c'est ça ?

Devant mon incompréhension manifeste, sa mâchoire inférieure s'affaisse.

– Écoutez... je ne sais pas quelle substance vous avez ingurgitée cette nuit... À vrai dire, ça ne me regarde pas, mais vous devriez arrêter. Vous ne vivez plus ici depuis...

Il se gratte le menton, réfléchit avant d'annoncer :

– ... près de quatre ans. Vous avez acheté un loft dans le Lower East Side quelques mois après le départ de... enfin, vous savez, ce monsieur qui s'était installé avec vous, cet Amérindien...

– Je... je suis confuse. Je suis très fatiguée, ces derniers temps.

Le concierge m'observe d'un air sceptique, en s'efforçant de ravaler ses doutes et son jugement, tandis que la brume s'estompe de mon esprit.

– En fait, ça tombe bien que vous soyez passée. Deux lettres sont arrivées ici pour vous, il y a plusieurs jours. J'allais vous les faire suivre, mais vous savez ce que c'est...

– Donnez-les-moi, dis-je, interrompant le bonhomme de façon assez abrupte.

Il s'éclipse dix secondes pour revenir, les missives à la main.

– Merci, à un de ces jours ! lancé-je en les fourrant dans mon sac à main.

Elle sentit le regard du concierge dans son dos jusqu'à ce qu'elle ait disparu au coin de la rue. Là, elle s'engouffra dans un café, commanda un petit déjeuner et s'attabla au fond de la pièce. Le simili cuir de la banquette crissa et colla sur la peau nue de ses cuisses.

J'attends fébrilement que la serveuse apporte mon assiette et ma tasse pleine d'un liquide ambré et fumant. J'ouvre la première enveloppe d'un geste sec ; le cachet remonte au 18 mai. J'avale une fourchetée d'œufs brouillés, arrosée d'une grande rasade de thé avant d'entamer ma lecture.

Étaine m'y annonce que nos parents sont décédés.

Nouvelle bouchée d'œufs brouillés.

La deuxième lettre.

Celle-ci, en date du 23 mai, n'est pas manuscrite, et elle porte l'en-tête d'un cabinet notarial. Pour finaliser les formalités de succession, j'ai rendez-vous à 14 heures le 8 juin prochain. Quel jour sommes-nous ? Je m'empare de mon portable. Nous sommes le 8 juin et il est 7 heures ! Je m'étrangle avec mes œufs brouillés, tousse plusieurs fois et finis d'une traite ma tasse de thé. À la hâte, je règle ma note et attrape un taxi pour rentrer chez moi. J'ai juste le temps de dormir un peu et de prendre une douche avant de me rendre à ce rendez-vous, de l'autre côté de la ville.

La vérité ne s'imposa à elle que lorsqu'elle entra dans son loft. Comme si, jusque-là, son cerveau avait refusé de l'admettre. Ses parents étaient morts. Elle ne s'était jamais entendue avec eux, mais c'était un choc... Un lien invisible qui se rompait. Un déchirement.

Trois semaines ?

J'ai raté l'enterrement.

Étaine n'aurait-elle pas pu trouver un moyen de me joindre ? Certes, nous nous sommes quittées en froid la dernière fois, ce n'est tout de même pas une raison !

Une boule de colère enfle dans mon ventre.

Je suis encore dans cet état d'esprit quand je pénètre dans la salle d'attente du notaire, où patientent quatre personnes. Trois hommes me saluent du bout des lèvres, puis me détaillent discrètement avant de replonger dans leur magazine. Je prends place au fond de la petite pièce décorée avec sobriété.

La femme, elle, me fixe de façon insistante. Puis elle se lève et se plante devant moi.

– Tu t'amuses à m'ignorer ?!

– Étaine ?

Elle s'écroule sur la chaise à ma gauche ; je secoue la tête en signe d'impuissance.

– Sans blague !

– Étaine ! dis-je à nouveau, sincèrement surprise. Qu'est-ce que tu as changé !

– Non, Shanel, je n'ai pas changé, chuchote ma sœur cadette. J'ai juste vieilli. Toi, en revanche...

Une lueur soucieuse passe sur son visage.

– On ne peut pas dire que tu aies vieilli. Le programme J.E. a bien fonctionné ! On ne te donne même pas trente ans. Mais par contre... Regarde-toi ! Tu n'as jamais été aussi négligée !

Elle fronce le nez avant de reprendre :

– Ça fait combien de temps ?

– Combien de temps que quoi ?

– Qu'on ne s'est pas vues ? Cinq... peut-être six ans ?

Je hausse les épaules.

– Je n'en ai pas la moindre idée.

– Notre dernière dispute ne t'a donc pas marquée ?

– Bien sûr que si ! D'ailleurs, c'est pour cette raison que tu ne m'as pas prévenue de la mort des parents ?

– Je t'ai prévenue, siffle Étaine. Sinon tu ne serais pas là ! Ce n'est tout de même pas de ma faute si tu disparais de nos vies en déménageant sans laisser d'adresse ! Comment oses-tu te permettre de me faire la morale ?! Qu'est-ce que j'aurais dû faire, hein ? Te courir après dans tout New York ?

Le notaire interrompt notre querelle. L'entretien dans son bureau ne dure pas plus d'une heure, pendant laquelle je sens souvent le regard scrutateur de ma petite sœur sur moi.

Quand nous sortons, sa colère a laissé la place à une franche inquiétude.

– Est-ce que tu t'es regardée dans un miroir récemment ? me demande-t-elle une fois dans l'ascenseur. Tes cheveux sont tellement mal entretenus qu'ils ressemblent à de la paille. Des cernes dévorent tes yeux, dont le blanc a viré au jaune. Tes vêtements tachés te donnent l'allure d'une sans-abri, et ta peau manque clairement de soin. Tu es à l'opposé de la femme que j'ai vue, il y a cinq ou six ans, dans ce restaurant thaïlandais... Tu parais très mal en point... même si on ne sait pas où sont passés tes quarante-six ans. Et tu as l'air complètement hébétée, perdue. Bon sang ! Qu'est-ce qui s'est passé dans ta vie ?

J'esquisse une petite moue, sans savoir quoi répondre, et je replace derrière mon oreille une mèche de cheveux qui mangeait ma tempe.

– Eh bien... j'ai déménagé.

– Tu écris toujours ?

– Oui. Je suis sur un gros projet, intitulé *Mémento*. Mais ça n'avance pas. Je passe trop de temps à découvrir le monde de la nuit.

– Tu as revu l'équipe de J.E. ?

– J.E. ?

Étaine lève une main devant sa bouche pour étouffer le cri de stupéfaction qui manque de franchir ses lèvres.

– Tu sais quoi ? déclare-t-elle soudain. J'ai un très bon pote médecin. J'aimerais que tu le rencontres.

– Pour quoi faire ?

– Un petit check-up.

– Je ne suis pas malade. Juste très fatiguée. Je ne dors pas beaucoup.

– Si ce n'est que de la fatigue, tant mieux. Mais, je préférerais qu'il confirme ton hypothèse.

– OK…

– Allons chez moi ; je l'appellerai de là-bas.

– On n'est plus fâchées, alors ?

– Non, réplique-t-elle en m'attrapant par le coude pour sortir de la cabine. Et on a plein de temps à rattraper !

Arrivée chez elle, Étaine décroche son téléphone et donne de moi une description si affolée que le rendez-vous est pris le soir même au NYPH où exerce le docteur Andrew Goodwin, neurologue.

16

Tests

Oui, je me répète, mais je n'aime décidément pas les médecins ni les hôpitaux – participer à J.E. était pour moi un exploit – et, en franchissant le seuil qui ouvre sur un grand hall aux couleurs chaudes, je frissonne malgré moi. Pourtant, d'immenses baies vitrées baignent la salle de la lumière encore vive du soleil et, un peu partout, des fleurs ont été intelligemment disposées. Mais on peut faire n'importe quoi : même avec la plus belle des décorations, un hôpital reste un hôpital. Rien qu'à l'odeur, il n'y a aucun doute.

En faisant cette constatation, je manque de tourner les talons pour m'enfuir en courant. Mais déjà, on nous guide, ma sœur et moi, vers le bureau du neurologue.

– Le docteur Goodwin sera à vous dans quelques instants.

J'observe Étaine avec un petit sourire narquois.

– C'est qui, ce mec, pour que tu sois aussi bien reçue ?

– On a fait une partie de nos études ensemble, et on est devenus bons amis, marmonne-t-elle en s'empourprant.

– Bons amis ? Rien de plus ?

Au grand soulagement d'Étaine, l'apparition du médecin interrompt mon interrogatoire, mais ma petite sœur s'empourpre encore plus quand il l'enlace sans lui demander son avis. Puis il se tourne vers moi et me salue d'une ferme poignée de main. J'ai immédiatement confiance en lui.

« La frangine ne fréquente pas le plus laid des neurologues ! »

Beau brun, stature imposante, regard profond et franc, longs doigts aux ongles parfaitement entretenus. Il me fait penser à cet acteur du début du siècle, Colin Firth. C'est dingue ! Je suis capable de me rappeler le nom d'un vieil acteur alors que je n'ai même pas reconnu ma propre sœur, quelques heures auparavant !

– Étaine semblait tout affolée au téléphone et, je dois vous l'avouer, ça m'a intrigué, chuchote le médecin, une lueur espiègle au fond des yeux.

– Elle s'affole pour pas grand-chose, dis-je en entrant dans son jeu. D'ailleurs, si j'ai accepté de venir, c'est uniquement pour la rassurer.

Andrew Goodwin sourit. Contrairement à Étaine.

– Tu vas tout de suite comprendre mon inquiétude, annonce-t-elle. J.E., ça te rappelle quelque chose ?

– J.E. ?

– Oui. Jeunesse Éternelle.

– Merde !

– Comme tu dis. Donc tu connais.

– J'ai entendu des rumeurs, vite étouffées, mais je ne pensais pas, à vrai dire, que ce programme s'était poursuivi.

Andrew se tourne à nouveau vers moi.

– Tu as participé à cette horreur ?

– Il faut croire... Il y a cinq ans environ ; c'est bien ça ? demandé-je à Étaine, qui s'empresse d'acquiescer.

Le neurologue, qui jusqu'ici avait une fesse posée sur le coin de son bureau, se redresse pour aller s'asseoir dans son fauteuil.

– Attends... Tu veux dire que tu ne t'en souviens pas ?

– Si... enfin... bien sûr ! Néanmoins, cela reste assez vague. Comme un très lointain souvenir. C'est d'ailleurs pour ça que nous sommes ici. Depuis quelques mois, je ne ménage pas mon corps. Je suis épuisée, et mon cerveau n'apprécie pas. Mais je suis certaine qu'après une bonne cure de vie saine, tout rentrera dans l'ordre !

– As-tu d'autres symptômes que les trous de mémoire ?

– Des migraines, des tremblements, des bouffées de chaleur, et ma vue s'altère de temps en temps.

– Nous allons donc faire un check-up complet.

– Carrément ? J'imaginais qu'en discutant, tu en serais venu aux mêmes conclusions que moi...

– Je suis médecin. Il me faut des preuves que ton organisme ne couve aucune affection grave.

Je hoche la tête.

– Nous nous revoyons dès demain matin, neuf heures. Prévois la journée.

Le lendemain, jusqu'à seize heures, je passe toute une série de tests. L'attente des résultats est plus longue : une semaine.

Pendant ce laps de temps, Étaine décide de prendre des congés pour s'occuper de moi. L'attente se mue bientôt en une impatience angoissante, qui nous rapproche, et nous nous redécouvrons peu à peu.

Elle appréciait beaucoup cette espèce de parenthèse enchantée. La compagnie de sa sœur l'aidait à se rééquilibrer. Elle mangeait à heures fixes – des produits frais qu'elle préparait avec soin –, elle ne travaillait que l'après-midi, et elle dormait tant qu'elle dépassait souvent le tour du cadran.

Un soir de confidences, après avoir abondamment discuté de notre jeunesse, ma cadette, emmitouflée dans un vieux plaid de laine vierge, allongée sur le sofa, les pieds posés sur mes cuisses, se lance sur un terrain délicat.

– Pourquoi tu n'as jamais eu d'enfants ?

Autrefois, je sortais les griffes dès qu'on abordait cet épineux sujet. Aujourd'hui, je ne me braque plus. Je m'octroie un instant de réflexion en soufflant sur la vapeur tourbillonnant au-dessus de ma tasse de tisane.

– Je crois que je n'ai pas déniché la bonne personne avec qui les faire, dis-je avec un clin d'œil. Et puis, depuis J.E., je suis stérile : le problème est résolu ! Et toi ? Tu es en âge de devenir mère...

– Je ne peux pas avoir d'enfants.

La pointe de chagrin dans la voix de ma sœur ne m'échappe pas.

– Je suis désolée...

– Tu n'y es pour rien. On ne peut pas lutter contre les lois de la nature... même quand elles sont injustes.

– Si, beaucoup de gens se font aider. Tu pourrais essayer...

– Je ne m'en sens pas la force.

– Je comprends. Moi, c'est la patience qui m'aurait manqué pour avoir des enfants !

Étaine éclate de rire, chassant notre tristesse passagère.

– Pourtant, j'ai bien cru que j'avais trouvé l'homme idéal, enchaîné-je. Un Amérindien, avec qui j'ai vécu près de deux années exceptionnelles, juste au moment où je suivais le programme J.E.

– Tes problèmes de mémoire ne sont pas si importants que ça, visiblement..., commente Étaine.

– À vrai dire, mes souvenirs sont remontés parce que j'ai relu le manuscrit sur lequel je travaille depuis un bon moment. Au départ, je voulais raconter l'histoire d'une femme qui refuse de vieillir. En fait, pour l'instant, il s'agit plus d'une sorte de journal, un peu romancé. Une autofiction, si tu veux. Je l'ai intitulée *Mémento*. D'ailleurs, j'aimerais bien que tu la lises pour me donner ton avis.

– Tu plaisantes ? s'esclaffe ma sœur. Autrefois, tu n'autorisais personne à jeter un coup d'œil à tes textes avant qu'ils soient publiés !

– Tout le monde évolue, un jour ou l'autre...

– Alors, avec plaisir ! C'est un cadeau inestimable, merci beaucoup !

Étaine remonte le plaid sur ses épaules.

– Parle-moi de cet homme, cet Amérindien...

– C'était un Lacandon, qui avait quitté sa tribu pour explorer le monde…

Et je raconte à ma sœur ce que je sais de Voltàn, de son histoire si particulière.

– Je n'ai jamais vécu une telle osmose, conclus-je. Nous nous entendions sur tous les points. Pour la première fois de ma vie, j'ai compris ce que signifiait le mot « amour ». Une sérénité, un équilibre hors du commun. Il a fallu que j'attende quarante ans, et ça a duré à peine deux ans, mais je ne regrette pas un seul instant.

– La différence d'âge ne vous a pas gênés ?

– Pas du tout. Enfin… je suppose que c'est ce qui nous a finalement séparés. J'avais beau me sentir jeune dans ma tête, j'avais les envies d'une quadragénaire. Et lui avait beau être extrêmement mature, il avait cette soif d'aventure qui caractérise la vingtaine… Une soif plus forte que l'amour.

– Mais il t'a promis qu'il reviendrait…

– Je préfère ne pas y croire. Toutes les femmes du monde doivent être à ses pieds…

Je marque une pause pour avaler le contenu de ma tasse devenu tiède.

– C'est après son départ que ma vie a basculé.

– Pour toi, ce n'est pas une maladie.

– Non. C'est à cause de mon mode de vie.

Étaine me serre les mains et me fixe intensément.

– Je l'espère.

– Merci pour tout, petite sœur. Surtout, merci de ne pas m'en vouloir. Je me suis sentie tellement seule, ces dernières années ! Maintenant, grâce à toi, je suis persuadée que tout ira bien.

Mais cette certitude s'effondre à l'instant où Andrew Goodwin franchit la porte. La gravité de son expression ne laisse rien présager de bon, et la tension entre dans l'appartement en même temps que lui, au point de rendre l'air irrespirable. Ma sœur ouvre les fenêtres malgré la fraîcheur matinale, puis sert un café serré – « très serré » a insisté le neurologue.

Un court silence s'installe, durant lequel Andrew avale son petit noir d'une traite. Un silence certes court, mais pesant. Le médecin pose enfin sa tasse et sort un dossier bleu de sa mallette.

– J'ai les résultats, et ils sont mauvais, déclare-t-il sans ambages. J'ai également mené ma petite enquête sur J.E., et ce que j'ai appris n'est pas réjouissant.

Il se tourne vers moi :

– Comment tu te sens depuis la semaine dernière ?

– Balance ce que tu sais, répliqué-je simplement. Je te parlerai de moi après.

Andrew se renfonce dans le fauteuil, les bras croisés sur son torse. Ses lèvres forment un petit puits, comme s'il s'apprêtait à siffler, mais il expire doucement, sans bruit, pour se donner du courage.

– Ne me demandez pas où j'ai eu ces infos ; je ne suis pas très fier de moi. Le programme a foiré, et les responsables sont injoignables. Une trentaine de cobayes sont aujourd'hui dans un état critique, quinze sont déjà morts. Chaque anatomie réagit différemment, et tu as de la chance de n'en être qu'à ce stade.

– Bon sang ! explose Étaine. Va droit au but !

– Calme-toi, lui dis-je doucement. Ça ne doit pas être facile à raconter...

– Merci.

Andrew essuie son front moite.

– Je vais essayer d'être le plus clair et concis possible. Au départ, J.E. avait pour but de retarder la transition des cellules en phase de sénescence – je te passe les détails pour que tu comprennes mieux, Shanel. Grâce à une diminution considérable de ces cellules sénescentes, les chercheurs espéraient que ton corps reste jeune plus longtemps – pas que tu rajeunisses, juste que tu restes telle que tu étais. C'est le principe de la régénération des tissus et des organes vieillissants par des cellules souches. Malheureusement, non seulement ils n'ont pas réussi à stabiliser les effets du vieillissement, mais c'est même l'inverse qui s'est produit : contrairement à ce qu'indique le renouvellement de ta peau, tu déclines deux fois plus vite que la moyenne. Selon les examens que je t'ai fait passer, l'intérieur de ton corps a environ cinquante-cinq ans, tandis qu'extérieurement on te donne la trentaine. C'est d'ailleurs ce qu'il y a de plus troublant dans cette affaire : pourquoi les cellules réagissent-elles de façon si diamétralement opposée ?

Andrew déglutit péniblement avant de poursuivre :

– Les symptômes sont aussi capricieux que mystérieux. Tes bouffées de chaleur proviennent sans doute de la ménopause. Tu n'es plus réglée, n'est-ce pas ?

– Non.

– Normal pour une femme de cinquante-cinq ans. Et est-ce que tu pèles sans raison ?

– Oui, ça m'arrive ! Au départ, je pensais que cela venait d'une nouvelle crème que je m'étais offerte, puis, comme cela s'est reproduit quelques mois plus tard, j'ai juste conclu à une mystérieuse réaction allergique.

– En fait, c'est une mue, révèle Andrew. C'est logique puisque tu rajeunis de l'extérieur.

– Une mue ? répété-je abasourdie. Ça alors, je n'y aurais jamais pensé ! C'est donc aussi une réaction due à J.E. ?

Le neurologue acquiesce d'un mouvement du menton.

– Et pour les trous de mémoire ? Début d'Alzheimer ? Aussi le résultat de J.E. ?

Shanel parlait d'une voix calme, comme si tout cela ne la concernait pas vraiment.

Étaine, elle, ouvre des yeux effarés, le poing violemment collé contre sa bouche pour s'empêcher de hurler... ou de vomir.

– C'est là que se pose le problème le plus complexe, répond Andrew. Oui, il y a un début d'Alzheimer, mais pas seulement... La dégradation de tes neurones est totalement aléatoire. La perte de mémoire peut aussi bien être antérograde que rétrograde, parfois totale. Une pathologie neurodégénérative imprévisible... J'ai tout de même une hypothèse, mais...

– Vas-y, dis toujours.

– Eh bien, puisque, extérieurement, tu rajeunis... peut-être que ce processus provoque une sorte d'annihilation des années passées. En clair, si, comme l'indique ton corps, tu n'as que trente ans, tu ne devrais pas avoir vécu les années qui se sont écoulées depuis. Quinze ans de ta vie s'étiolent dans tes neurones... C'est la panique totale, là-dedans !

Je plonge mon regard dans ma tasse encore pleine. Je réalise enfin la gravité de mon mal.

– Et il y a un remède ? osé-je sans lever les yeux.

– Aucun. Du moins, pour le moment. Tout ceci est tellement nébuleux que je ne peux pas vraiment pronostiquer quoi que ce soit, mais... selon moi, tu vas continuer à rajeunir et à vieillir de façon précipitée en même temps. Ta mémoire sera sans doute de plus en plus touchée, notamment celle dite « des personnes ». Dans peu de temps, tu ne nous reconnaîtras plus ni moi ni Étaine.

17

Convalescence

Léna referma délicatement le manuscrit, les joues baignées de larmes. Shanel la perturbait. Son histoire était si tragique ! Difficile de comprendre ce qui avait poussé cette femme à se porter volontaire pour une expérience aussi risquée. Quoique… Léna n'était-elle pas trop jeune pour juger de ce qui motivait les décisions des adultes ?

Elle se moucha et essuya son menton d'un revers de main. Malgré sa peine, posséder ce manuscrit lui faisait du bien : elle s'était attachée à la romancière, elle avait presque l'impression de la connaître vraiment.

Ses ongles s'enfoncèrent soudain dans sa paume.

« Je vais mourir. »

Ce brusque souvenir lui tordit le ventre. Léna se figea.

« Et si, moi aussi, j'étais l'un des cobayes ? »

Elle eut un haut-le-cœur. Elle se dépêcha d'écrire cette inquiétude dans son carnet et se promit d'interroger à ce sujet… Elle se mordit la lèvre inférieure, en se concentrant de toutes ses forces. À qui pouvait-elle demander cela ? Elle consulta ses notes.

« Ah ! Le docteur Andrew Goodwin ! »

Andrew Goodwin... Bon sang ! C'était le médecin du manuscrit ! Le pouls de Léna s'accéléra. Ainsi donc, elle avait vu juste ! Elle était l'un des cobayes de J.E. !

Les doigts tremblants, elle inscrivit à la hâte ses découvertes, puis reposa crayon, calepin et manuscrit sur sa couette. Adossée au mur, elle remonta ses genoux contre sa poitrine en les enserrant entre ses deux bras. Elle bascula la tête en arrière, les yeux rivés au plafond. Qui était-elle, en fait ? Elle ne se connaissait pas, s'oubliant elle-même un peu chaque jour, irrémédiablement. Oubliant ce qui la définissait, ce qui la construisait. Ses goûts, ses envies, ses peurs, ses joies. Oubliant ce qui, tout au long de sa vie, enrichit un être humain, ces jalons disséminés sur son chemin, qui le relient à son passage sur Terre. Ces petits rien, ces petits tout qui nous font évoluer, progresser, ces expériences qui nous mènent peu à peu sur la voie de la sagesse.

Elle ne se souvenait pas de ses anniversaires, ni de ses Noëls ou autre fête familiale, ni des disputes ni des périodes de bonheur. Elle essayait pourtant, jusqu'à en avoir mal à la tête, comme si cette dernière allait exploser.

Léna se sentait résolument vide.

Elle allongea ses jambes et tourna la tête vers la droite pour regarder par la fenêtre. Le ciel était bleu, et les hirondelles s'y chamaillaient. Elle enviait le courage que déployaient ces oiseaux pour nourrir leur progéniture, la mémoire fabuleuse dont ils étaient dotés – capable de les ramener jusqu'à leur nid après un périple hivernal en Afrique. Léna sourit. Elle adorait que d'anciennes connaissances ressurgissent à l'improviste. Des moments où, inexplicablement, son cerveau semblait disposé à ne plus faire des siennes.

La sonnerie de son réveil l'arracha à ce constat réconfortant. Léna consulta l'heure, puis vint se poster face à son planning. Un grand panneau noir saupoudré de poussière de craie, sur lequel, avec l'aide de Mary, elle notait scrupuleusement les horaires à respecter : rendez-vous, repas, menus événements qui ponctuaient sa journée.

Le prochain repas était prévu à treize heures. Léna retourna vers le vieux réveil posé à côté de son lit. 13 heures 04. Une ride soucieuse marqua son jeune front. Pourquoi la ligne « petit déjeuner » n'était-elle pas barrée ? L'avait-elle manqué ? Par trois fois, elle compara l'heure sur le cadran et le tableau. Rien ne correspondait. Paniquée, blême, elle biffa « petit déjeuner », suspendit son geste... Devait-elle aussi rayer « déjeuner » ? Le feutre lui échappa des doigts. Elle recula de trois pas, le souffle court, le regard fou. Elle fourra ses mains dans sa chevelure pour se malaxer le crâne. Elle n'avait pas mangé ce matin ?!

Un coup frappé à la porte l'immobilisa net.

– Ma chérie, tout va bien ? Je t'attends, le repas est prêt.

Léna courut ouvrir la porte et se réfugier dans le giron de Mary.

– Pardon…, hoqueta-t-elle. J'ai raté le petit déjeuner !

– Non, tu n'as rien raté du tout, la détrompa Mary. Nous avons pris nos œufs sur la terrasse, à l'ombre de la glycine.

– Mais… mais…, bredouilla Léna. Ce n'est pas possible, je ne l'ai pas barrée sur le planning.

Elle posa des yeux ronds sur la ligne où les mots « petit déjeuner » étaient maintenant rayés. Dans sa tête, tout n'était plus que confusion.

– Ne t'inquiète pas, ma chérie. Viens manger.

Mary la guida dans l'escalier, l'aida à se rincer le visage pour se rafraîchir, et quand Léna s'assit devant son pignon de poulet et sa purée aux trois légumes, elle avait retrouvé une forme de sérénité. Elle dévora son morceau de volaille à belles dents, sous le regard ravi de Mary.

Seuls les bruits des fourchettes sur la faïence comblèrent le silence. Il y avait bien cette antique horloge à balancier, au fond du salon, qui chuchotait ses secondes, mais plus personne n'y prêtait attention.

– Quand vais-je pouvoir retourner aux Aigles Bleus ? demanda soudain Léna, les lèvres brillantes du jus de la viande.

Mary se raidit.

– Tu es encore faible.

– Quand ?

– Dans une semaine, peut-être ?

– Une semaine, c'est long. Quel jour sommes-nous ?

– Jeudi.

– Alors, j'y retournerai lundi.

– Tout dépendra de ton état. Nous en rediscuterons ce week-end.

– C'est tout discuté. J'y retournerai lundi. Il me faut parler à Myrtille.

Sur ces mots, elle saisit son carnet pour noter son retour impératif au Centre le lundi suivant afin de s'excuser auprès de la fillette.

– Mary ?

– Oui, ma chérie ?

– Tu me racontes quand tu étais plus jeune ?

Léna adorait ces moments où la vieille dame et elle s'installaient sur le sofa, la tête de l'une posée sur les maigres cuisses de l'autre. Elle aimait rester là, les yeux mi-clos, goûtant aux caresses délicates dans ses cheveux, tandis que sa protectrice se prêtait volontiers au jeu de la nostalgie. Ensuite, elle oublierait tout, aussi vite que s'envole un moineau, mais elle se plaisait à s'emplir des souvenirs des autres.

– D'accord. Je débarrasse, fais un peu de nettoyage, et je t'appelle dès que je suis prête.

Pour patienter, Léna se réfugia dans sa chambre et entama un nouveau chapitre de *Mémento.*

*

Abandonner le loft avec une partie de mes affaires pour emménager chez ma sœur m'arrache le cœur, mais la gravité de mon état ne me permet plus de vivre seule. Au moins, j'en ai conscience. Pour le moment.

Afin de contrôler l'évolution des symptômes et travailler ma mémoire, Andrew a établi un planning de visites au NYPH. Il m'a aussi conseillé de garder sur moi un petit carnet dans lequel je dois noter les choses qui me paraissent importantes. J'ai eu du mal à accepter, tant j'ai peur que le contenu de ce calepin remplace un jour mes véritables souvenirs.

Quand je m'observe dans le miroir, je vois une jolie femme d'à peine trente ans. Comment imaginer qu'à l'intérieur, les affres de la vieillesse m'assassinent à vitesse accélérée ? Comment admettre ce que J.E. m'a fait ?

Andrew continue de mener sa petite enquête et il m'encourage à me lancer dans une bataille judiciaire. Pas facile : le Centre de Recherche a été dissous, et ses responsables se sont évaporés aux quatre coins du monde. Je ne m'étais même pas aperçue que lors de la troisième année du programme, contrairement à ce qu'on m'avait annoncé, je n'ai pas eu le moindre rendez-vous. Mais je me désintéresse complètement du sujet. Cela ne me rendra pas ma santé...

Dépendre de ma cadette me donne l'impression désagréable d'être traitée comme une enfant. Notre quotidien se calque sur une routine implacable depuis de longs mois. Pour couronner le tout, Andrew a insisté pour que je fréquente un cercle de discussion composé de personnes atteintes de graves troubles mnésiques, « afin de garder des liens sociaux ». Si j'ai cédé, c'est uniquement pour me faire pardonner auprès d'Étaine, qui supporte mes sautes d'humeur et mes crises d'angoisse de plus en plus fréquentes.

Le bus dans lequel Shanel était assise cahotait sur la chaussée en réfection. Alors qu'il dépassait son arrêt, elle n'esquissa aucun geste pour le stopper. Elle regarda s'éloigner l'aubette vitrée dégoulinante de pluie, un triste sourire aux lèvres. Elle poussa même le vice jusqu'au terminus.

Je descends lentement du véhicule et reste plantée sur le trottoir, indécise, la bruine s'accrochant à mes cheveux. Où suis-je ? L'endroit me paraît familier, mais impossible d'y associer un nom ou un souvenir.

J'en ai assez de cet état. Assez d'être sénile alors que je n'ai que...

J'ai quel âge, au juste ?

Je sors ma carte d'identité de mon portefeuille et fixe le cliché réalisé juste avant que commence le programme J.E. Un coup d'œil à la date. Oui, c'est bien cela : il y a dix ans. Qui est cette femme ? Elle ne me ressemble pas. Bon sang ! On dirait ma mère ! Shanel Kay, c'est bien moi puisque c'est mon nom, mais je ne me reconnais pas sur cette photo !

Un vent de panique m'ébranle tandis qu'une voiture de police s'arrête à ma hauteur. Instinctivement, je range mes papiers et m'éloigne, l'air détaché. Sans que je comprenne vraiment pourquoi, je ne peux pas prendre le risque qu'ils contrôlent mon identité.

Je marche longtemps.

La pluie a cessé. Dans les boutiques de la petite ville, les commerçants s'attèlent à rentrer leurs étalages. Sur les marches d'une épicerie, un vieux épluche une pomme, en observant distraitement l'activité fébrile de cette fin de journée. Quand il m'aperçoit, il plisse les paupières. Son sourire découvre une bouche en partie édentée.

– Eh bien, ça, par exemple ! s'exclame-t-il.

Je m'immobilise pour le dévisager. Ses cheveux sont aussi blancs que clairsemés.

– Bonjour...

– Tu es bien une fille Kay ? La fille de Shanel Kay, peut-être, non ?

– Euh...

– C'est incroyable ! Tu lui ressembles trait pour trait ! Je ne savais pas que Shanel était devenue maman.

Plusieurs rides se creusent sur mon front.

– À sa dernière visite, elle avait vingt et un ans. Je m'en souviens comme si c'était hier ! Le jour où elle est venue présenter son fiancé... Qu'est-ce que tu lui ressembles ! répète-t-il l'air médusé.

Je reste muette. Ce vieux me met d'autant plus mal à l'aise qu'il ne m'évoque rien du tout. Par chance, il est bavard et ne me laisse pas le temps de répliquer.

– C'est mon petit-fils qui tient la boutique, maintenant.

Shanel lut l'enseigne : Épicerie Sadsky. Ça y est, elle se rappelait ! Boris Sadsky, cet épicier si généreux, qui distribuait des bonbons à tous les enfants dès qu'ils pointaient le bout de leur frimousse dans son magasin !

– Tu veux entrer boire un thé au caramel ? Ta mère adorait ça, à l'époque, même si sa gouvernante n'était pas vraiment d'accord, ajoute-t-il une lueur complice dans le regard.

J'encaisse son verbiage, obstinément mutique et statufiée. L'ancien commerçant enchaîne ses questions sans attendre les réponses.

– Je suis navré pour tes grands-parents... C'est pour cela que tu es dans le coin ? J'ai vu que la maison n'était pas encore vendue. Vous avez du mal à trouver un acquéreur ? Ou alors, ta mère ou ta tante ont envie de revenir dans les environs ? Elles ont raison, c'est une belle propriété et une belle région...

Je n'écoute plus. Tout me revient, maintenant. Les souvenirs remontent à la surface comme si une digue rompue laissait s'écouler une eau retenue prisonnière pendant trop longtemps. Boris Sadsky, adorable, mais intarissable bavard ! Je me rappelle ses sucettes offertes en douce et le goût inimitable de son thé au caramel qu'il proposait gratuitement à tous ses clients. Mes pas m'ont conduite sur les lieux de mon enfance et de mon adolescence.

Toutefois, une profonde tristesse enfle en moi. Si je me souviens de ces petits détails, je perds tout. Tout ce qui m'a construite. Je ne suis qu'une vaste demeure dans laquelle tous les fusibles semblent sauter les uns après les autres, et bientôt, je serai éteinte.

Est-ce pour cela que j'ai atterri ici ? Pour chercher ces souvenirs qui me font cruellement défaut ? Mais aurai-je le courage de pénétrer dans la maison familiale vide ?

À peine le vieil homme a-t-il fini sa tirade que je prends poliment congé. Je poursuis ma route jusqu'à un chemin criblé de gravillons qui crissent sous mes semelles. La propriété se dresse cinquante mètres plus loin – elle n'a pas changé, le jardin non plus.

Sur le perron, je cherche la cachette – une fissure dans le linteau de bois. Je tâtonne en espérant que la clé de secours y sera encore. Oui ! Je la glisse dans la serrure, et le battant s'écarte en grinçant, dévoilant des meubles recouverts de draps blancs. Mon cœur martèle ma poitrine tandis que je m'introduis dans cet ancien monde, qui me paraissait autrefois plus grand, plus coloré, plus chaleureux. J'entrouvre un volet pour avoir un peu de lumière, puis je retire les housses, une à une. Je revois mon père et ma mère, installés sur le sofa, enlacés, discutant et riant. Un couple uni. C'est du moins l'image que j'en ai gardée.

Je grimpe à l'étage. Le parfum de cire qu'exhale l'escalier éveille d'autres souvenirs, lointains, mais tenaces. Les odeurs… j'y ai toujours été très sensible.

Dans la chambre parentale, tout est resté à la même place. J'ouvre les tiroirs de la commode, ceux de la coiffeuse, la penderie dans laquelle s'entassent vêtements et cartons. J'en attrape un, que je fais glisser sur le sol. À l'intérieur, plusieurs dossiers et quelques albums-photos. Moi, adolescente, à côté de ma sœur ; un lac scintille en arrière-plan. Je ne me rappelle pas ce moment. Je suis surprise de ressentir tant de nostalgie. Mes parents étaient si froids et intransigeants envers moi.

Elle entra dans son ancienne chambre, transformée en chambre d'amis. Là aussi il y avait des cartons, pleins de ses anciennes affaires. Elle avait pensé que ses parents les auraient jetées. Puis elle erra de pièce en pièce, comme une âme en peine.

Qu'est-ce que je fais ici ? À quoi bon vouloir me raccrocher à des souvenirs qui me quittent ?

Ma décision est prise. Il est temps de faire le ménage, de tourner la page pour accepter mon inexorable transformation.

Je descends un maximum de ces petits cercueils à souvenirs dans le jardin. Les miens, ceux de mes parents, tous ceux qui témoignent de mon ancienne vie. J'arrose le tas bancal d'un vieux fond d'alcool. Une allumette, et le feu s'éveille pour se propager rapidement en léchant avec gourmandise papiers et cartons.

Je grelotte malgré la chaleur du brasier. Des morceaux de papier enflammés s'envolent comme autant de lucioles. Mon passé s'efface au gré des flammes. Au petit matin, n'en subsisteront que des centres. Comme eux, je vais bientôt disparaître.

Je retourne dans la maison, me sers un Glenmorangie Single Malt de dix-huit ans d'âge. Il en reste encore deux caisses. Mon verre de whisky à la main, je m'écroule sur des housses posées au sol. Je me sers un autre verre.

À quoi servent les émotions de nos souvenirs sans mémoire ?

Encore un autre.

Oui, maintenant je suis persuadée d'avoir pris la bonne décision.

Dans mon verre tournoie la nouvelle rasade du liquide ambré et parfumé.

La nuit chasse le jour. Le jour chasse la nuit. Je ne bouge pas, emmitouflée dans mes draps blancs, la bouteille de whisky échouée à quelques pas de moi. J'oscille entre des phases d'éveil et de sommeil, entre l'apitoiement et l'envie de me secouer. Dans quel but ?

Désormais, je dois bien me résigner à accepter mon sort.

J'ai joué, et j'ai perdu.

18

Deux sœurs et une nounou

« Continue pour moi. Cette histoire doit avoir une fin. Promets-moi que tu le feras. »

Ce fut le souhait de Shanel, après sa fugue, sa dernière volonté, lucide.

J'ai accepté, même si intervenir dans cette espèce de journal intime m'intimide, et je ferai de mon mieux pour retracer fidèlement son histoire.

Je n'ai pas touché à son propre texte, y laissant volontairement les passages fluctuants où ma sœur semble comme dépossédée d'elle-même dans sa narration. Ils sont le reflet fidèle de la dégradation de son état.

*

Je fixe la route, les mains crispées sur le volant, le visage fermé, angoissé. Mon teint chiffonné, mes yeux rougis, mes cernes mauves, ma coiffure en désordre, tout en moi atteste de mon insomnie. Je n'ai pas dormi depuis deux jours. Deux jours pendant lesquels j'ai cru devenir folle. Deux jours que Shanel a disparu.

Lorsque l'institution dans laquelle elle aurait dû se rendre, après avoir quitté l'appartement quarante-huit heures plus tôt, m'a alertée de son absence, j'ai fait le tour des endroits où il me paraissait probable qu'elle se soit réfugiée. En vain. Puis une ultime idée a fait son chemin. Bien que cette perspective m'apparaisse peu crédible, Andrew, lui, l'a vivement approuvée. D'après lui, Shanel avait certainement besoin de se heurter à son enfance, et la maison familiale restait le lieu idéal.

À cinq kilomètres de ma destination, j'appuie sur l'accélérateur et traverse la petite ville à vive allure. Au dernier virage, une voiture de police me dépasse, sirène hurlante et gyrophares clignotants. Je la suis, livide, jusque devant notre maison d'enfance, enveloppée d'un épais nuage de fumée grise. Je me gare et m'élance derrière les deux agents, qui contournent déjà la bâtisse après avoir frappé, sans succès, à la porte.

Le spectacle qui nous attend dans le jardin est assez saisissant. Shanel, à peine couverte dans son pyjama d'adolescente, les cheveux hirsutes et les yeux fous, entourée de cartons et de meubles à demi brûlés, alimente les flammes avides avec des photos.

Alors que l'un des flics s'approche d'elle, j'interviens en posant une main timide sur son bras :

– Je m'en occupe... Elle est avec moi.

Le second, un homme bedonnant, la soixantaine, se retourne et son visage s'illumine.

– Étaine ? Étaine Kay ?

– Salut, Edward...

– Tu sais ce que cette gamine fiche dans le jardin de tes parents ? demande-t-il en désignant Shanel immobile et absente.

– Oui, désolée. C'est... une petite cousine. Elle a des problèmes psychologiques. Je veille sur elle, mais elle m'a échappé. Encore navrée.

– C'est incroyable ce qu'elle ressemble à ta sœur quand elle avait dix-sept ans.

Je me mords les lèvres. Je ne sais pas quoi répondre, consciente soudain du ridicule et du danger de cette situation. Shanel me sauve en bougeant enfin pour disparaître dans la maison.

– Je m'occupe de tout, dis-je en désignant le jardin sens dessus dessous. Vraiment désolée pour le dérangement.

Edward hoche la tête après quelques secondes d'hésitation. Dans son regard, je perçois toute la mise en garde qu'il me lance silencieusement. Que cela ne se reproduise pas. Heureusement qu'on se connaît, sinon...

Quand ils font demi-tour, je n'attends pas une seconde de plus et me précipite dans la maison. Shanel s'est écroulée sur le sofa, les yeux mi-clos. Je m'agenouille. Elle se révèle si fragile, si petite. Quelle chose étrange que d'endosser le rôle d'aînée quand on n'y est pas préparé.

Je lui caresse les cheveux.

– Shanel... pourquoi fais-tu tout cela ?

Aucune réponse ni réaction. Je rabats la housse sur elle avant de m'occuper du jardin et de ranger la maison.

Une fois dans la voiture, sur le chemin du retour, je réfléchis à ce nouvel événement et me rends à l'évidence : nous ne pouvons plus continuer ainsi.

Shanel remonte la couverture sous son menton et croise les pieds sur le tableau de bord. Elle fixe le paysage, complètement détachée, inconsciente de ma détresse.

Je dois la protéger contre elle-même, mais aussi contre le regard des autres. Je frissonne en imaginant la tête d'Edward s'il avait jeté un œil à la carte d'identité de ma sœur ! Car comment justifier que la grande romancière Shanel Kay, à bientôt soixante ans, ait l'air d'une jeune de vingt ans instable ? Si la vérité éclatait au grand jour, quelles seraient les répercussions sur son état mental ? Sans parler de cette fameuse clause de confidentialité qui pourrait se retourner contre elle...

– On va où ? interroge soudain Shanel en s'étirant.

Je ne réponds pas tout de suite. L'idée que je ne suis pas à la hauteur et que ce n'est pas à moi de m'occuper de ma sœur dans ces conditions si particulières commence à me ronger le cerveau.

– Je suis navrée pour ce que j'ai fait à la maison des parents... Je ne sais pas pourquoi...

– Parce que tu es perdue. Mais il y a plus grave.

Je profite de ce que je pense être l'un des rares moments de lucidité depuis des jours que Shanel peut m'accorder. Je lui expose mes réflexions. Les problèmes que nous risquons de rencontrer.

– Oui, tu as raison, nous devons agir maintenant, tant que je peux encore exprimer ce que je souhaite. Je ne supporte plus de rester figée à me demander ce qui était si important quelques secondes plus tôt. Je ne me supporte plus comme je ne supporte pas ce que je te fais subir.

– Peut-être est-il temps de trouver quelqu'un qui aurait le temps de veiller sur toi...

– Mary.

– Quoi, Mary ? Mary, notre vieille nounou ? Cette Mary-là ?

– Oui.

– Mais tu es sûre qu'elle est encore vivante ? Et comment allons-nous faire pour la retrouver ?

– Je me souviens de son adresse.

J'ouvre des yeux incrédules.

– Tu te souviens de... ?

– Oui.

– Bon sang ! Ce n'est pas possible !

– Puisque je te le dis ! Je sais que c'est incroyable, mais ce souvenir-là n'est jamais sorti de ma tête. Elle vit tout près d'un Centre pour personnes atteintes de problèmes mnésiques. C'est donc la solution idéale.

Comme si elle avait lu dans mes pensées avant qu'on évoque cette idée. J'en ai mal au ventre.

– Il serait bien également que je change d'identité.

Elle continue sur sa lancée tandis que le poids de la culpabilité m'écrase à m'étouffer. Je ne l'écoute plus. Je prends la première sortie que j'aperçois et me gare pour retrouver mon souffle.

– Qu'est-ce que tu fais ? s'étonne Shanel.

– Je ne peux pas t'abandonner, murmuré-je. C'est à moi de prendre soin de toi...

– Ce n'est pas un abandon, Étaine ; tu n'as simplement pas le choix. Tu ne peux pas assumer cette situation avec ton job et ta vie privée. Je vais devenir un fardeau de plus en plus lourd. Et puis j'oublierai bientôt qui tu es.

– Et pas Mary ?

– C'est différent : Mary n'est pas ma sœur.

– Tu parles comme si tu étais certaine qu'elle allait accepter.

– Je l'espère. De tout mon cœur.

Au fond de moi, je sais qu'elle a raison, et je ferai selon sa volonté.

*

J'ai écouté Mary me raconter son histoire, jusqu'à son arrivée chez nous. Il me semblait approprié d'avoir sa version.

« Je suis née en Grande-Bretagne à cette époque où les progrès technologiques étaient presque aussi nombreux que les crises financières, et où chacun redoutait plus que tout une précarité qui s'étendait petit à petit, comme un virus implacable. Je rêvais de devenir artiste-peintre et je travaillais d'arrache-pied pour obtenir à dix-sept ans une place dans la prestigieuse New York Academy of Art. Parallèlement à mes études, j'assurais une place de jeune fille au pair chez les Jones pour subvenir à mes besoins.

Et cette première année fut un vrai bonheur.

Je m'occupais de trois enfants adorables, âgés de sept, quatre et deux ans, tout en menant mes études avec brio.

J'adorais cette grande Cité, et sentais toutes les fibres de mon corps vibrer à l'unisson avec la vie trépidante qui s'y déroulait. Au terme de mon contrat chez les Jones, j'avais pris la résolution de ne pas réintégrer ma banlieue londonienne. J'espérais trouver facilement un emploi, toutefois la crise internationale pourrissait tout, et les offres se comptaient sur les doigts de la main. Un poste de serveuse : une expérience ? Non ? Désolé, nous n'avons pas les moyens de vous former ; d'autres, plus qualifiés, attendent dehors. Merci, au revoir. Femme de ménage ? Des heures et des heures de labeur en échange d'un salaire insuffisant pour se payer un logement.

Et puis, il y avait les services d'immigration qui s'incrustait dans ce tableau peu réjouissant. Il ne me restait que trois mois avant d'être reconduite en Grande-Bretagne.

Face à mon infortune, mais aussi connaissant ma valeur, les Jones me proposèrent de rencontrer un couple qui cherchait une gouvernante de confiance. Tous deux exerçaient des métiers prenants et se trouvaient rarement à la maison. Une aubaine qui pouvait me procurer une source de revenus, une maison et un visa, tout en me permettant de poursuivre mes études.

J'acceptais et les Jones me recommandèrent auprès des Kay.

Le ciel au-dessus de ma tête semblait enfin s'éclaircir.

Lorsque je me présentai à l'entretien, ce dimanche-là, je demeurai bouche bée devant la propriété édifiée à une vingtaine de kilomètres seulement du cœur de Manhattan. En matière de maison, il s'agissait presque d'un petit manoir ! Trois étages, un jardin garni de rosiers, un verger, des haies parfaitement entretenues, un étang qui révélait une de ses courbes tandis qu'il cachait pudiquement le reste de ses charmes derrière un double garage en amont.

Une femme élancée vint à ma rencontre, vêtue d'un tailleur strict à la coupe parfaite, et maquillée avec soin.

– Vous devez être Mary ? déclara-t-elle d'une voix chaude.

Elle s'effaça pour me laisser entrer, et elle referma la porte d'un mouvement gracieux, faisant flotter derrière elle sa lourde chevelure flamboyante et son parfum capiteux. Je pus apercevoir une décoration épurée, froide, mais je tombai immédiatement amoureuse du jardin d'hiver. Quatre-vingts mètres carrés de vie et de chaleur où se mêlaient odeurs envoûtantes et exotisme.

– Mon époux.

Celui-ci se leva pour me serrer la main. Une poigne ferme et tiède.

– Bienvenue, Mary. Je vous en prie, asseyez-vous.

Aussi élancé que sa femme, belle musculature, blond comme les blés, des yeux turquoise, un nez étroit et des doigts de pianiste. Je songeai que ce couple avait tout d'une parfaite gravure de mode.

– Je m'appelle Wallace, et mon épouse Sam. Les Jones nous ont vanté vos qualités. Quand pouvez-vous commencer ?

– Voyons, Wallace... Doucement ! pouffa Sam. Et si nous discutions d'abord autour d'un rafraîchissement ? Que puis-je vous offrir, Mary ? Jus de fruit, café, thé, alcool... Vous buvez de l'alcool, Mary ?

Était-ce un test ?

– Euh... non. Un jus de fruit, ce sera parfait.

– Bien ! s'enthousiasma Sam en disparaissant.

– Les Jones nous ont dit que vous suiviez des études d'art. Cela vous plaît-il ?

– Beaucoup.

– Et quel métier auriez-vous aimé exercer ?

Je fronçai légèrement les sourcils. La tournure que prenait la conversation me mettait mal à l'aise. Heureusement, Sam réapparut, les bras chargés d'un plateau sur lequel dansaient dans leurs récipients un café, un whisky et le jus d'une orange pressée adouci d'un trait de kiwi frais.

– Pourriez-vous m'en dire plus sur le poste que vous proposez ? demandai-je d'un ton nerveux.

Sam s'installa de nouveau dans sa balancelle garnie de coussins en soie chamarrée et se pencha vers moi pour poser délicatement ses mains sur les miennes.

– Nous avons besoin d'une gouvernante à plein temps, répondit-elle sur le ton de la confidence.

– Pour s'occuper de la maison ?

– Pour s'occuper des enfants, pardi !

– Ah ! Pardonnez-moi, comme tout est tellement ordonné, je m'interrogeais... Combien d'enfants avez-vous ?

– Aucun, pour le moment. Mais cela ne va pas tarder. Certes nous rencontrons quelques difficultés ; rien de bien méchant – une question de semaines.

Je faillis m'étrangler avec mon jus d'orange. Une question de semaines ? Comme si cela allait de soi ! Comme si l'on pouvait contrôler la vie... La certitude dont ces gens faisaient preuve était déstabilisante.

– Nous voulons quelqu'un immédiatement pour nous habituer les uns aux autres avant l'arrivée des enfants, poursuivit Wallace. Cela vous permettra de prendre vos marques dans la maison en toute sérénité. Une aide-ménagère sera sous vos ordres.

– Mais… je n'ai que dix-neuf ans. Et je compte devenir peintre. Je ne veux pas arrêter mes études.

– Qui vous parle de cela ? opposa Wallace d'un ton froid. Pour le moment, pas de bambin, donc pas de problème ! Rendez-vous compte de la sécurité qu'offre cet emploi. En cette époque difficile, c'est un véritable luxe.

– Et la rémunération est conséquente, appuya Sam.

– Mais… pourquoi moi ?

– Visiblement, vous êtes une perle, murmura Sam avec douceur. Prenez le temps de peser le pour et le contre. Nous sommes conscients que ce n'est pas une décision simple à prendre. Nous sommes rarement à la maison, nous souhaitons donc une personne qui fera partie de la famille. Car il n'est pas question que mon rôle de mère me ralentisse dans mon travail.

Elle replaça gracieusement une mèche de cheveux venue taquiner l'arête de son nez. Les Kay ne doutaient de rien et tout devait être en ordre selon leur bon vouloir. Aucune fantaisie n'était admise. Je le compris aussitôt.

– Cette maison est immense, vous aurez une indépendance totale. Et, le moment venu, la liberté d'éduquer nos enfants.

Nos enfants… Quelle conviction ! J'en frissonnai. Ce couple évinçait les obstacles qui se dressaient devant eux comme on balaie d'un revers de main une miette sur la table.

Et j'entrai au service des Kay six semaines plus tard. Cinq années passèrent avant que la petite Shanel pousse son premier cri. D'un caractère bien trempé, à l'opposé de ses parents, la fillette grandit comme une plante sauvage, à l'étroit dans son pot de terre entre les roses et les orchidées. Je me reconnaissais bien dans le tempérament plein de fougue de l'enfant, et je craignis un moment que mes méthodes d'éducation soient la cause des perpétuelles disputes entre Shanel et ses parents. »

*

Mary fut rassurée quand je naquis, dix ans plus tard, avec ma personnalité douce et posée, à l'image de celle de ma mère.

Mary nous aimait, ma sœur et moi, comme si nous étions ses propres filles. Elle nous apprenait l'art et la nature ; nous réconfortait en confectionnant des brioches moelleuses, des madeleines délicates ou des cookies géants ; nous offrait sa sensibilité en pleurant à chaudes larmes devant certains épisodes de *La petite maison dans la prairie* ou en nous fabriquant un cocon d'une multitude de coussins en plein cœur du jardin d'hiver pour profiter des nuits d'orage. Entre deux grondements, le crépitement des gouttes sur le toit en verre était comme une douce mélodie dans ce jardin où le parfum des fleurs se mélangeait à l'odeur enivrante de la terre humide. L'eau qui ruisselait sur les vitres nous fascinait autant que les zébrures dans le ciel d'un gris velouté.

Je ne pourrai jamais oublier ces moments de tendresse et d'amour qui compensaient largement le manque d'attention et l'absence de nos parents.

Mais Mary avait un combat plus rude à mener : atténuer, au mieux les éviter, les conflits entre Shanel et nos parents. Elle arrondissait les angles quand elle le pouvait, mais le fossé entre eux était trop grand. Shanel rêvait d'aventure, de poésie, de peinture, de lecture. Le jour où elle avait dit à papa qu'elle deviendrait écrivain, il lui avait ri au nez. Écrivain ? Un métier ? Des larmes d'hilarité avaient coulé sur ses joues rasées de près. Des larmes de colère et d'impuissance avaient coulé sur celles de Shanel ; c'est Mary qui les avait épongées.

Quand, au lendemain de son dix-neuvième anniversaire, Shanel s'échappa du cocon familial, abandonnant ses études pour partir aux quatre coins du monde, notre demeure en fut ébranlée avec la violence d'une tragédie grecque. Deux ans plus tard, lorsqu'elle revint avec, dans ses bagages, un avocat deux fois plus âgé qu'elle, ce fut carrément l'apocalypse.

Mary ne supportait déjà plus la rigidité des Kay, comme elle ne supportait plus d'entendre leurs discours amers au sujet de sa protégée. Elle posa sa démission, quatre ans plus tard, le cœur gros de devoir me quitter – je n'avais alors que quinze ans – ainsi que ce foyer d'adoption dans lequel elle avait vécu durant trente longues années. Il était temps pour elle de s'installer dans sa propre maison et de s'adonner enfin à la peinture, à laquelle elle n'avait jamais vraiment renoncé. Grâce au salaire généreux que mes parents lui avaient versé, elle avait pu économiser, et ce pécule devait lui assurer une certaine tranquillité jusqu'à la fin de ses jours.

19

Fugue

Léna ne cillait pas, le manuscrit posé sur ses genoux, ouvert au chapitre « Deux sœurs et une nounou », elle suffoquait. Comme si elle avait reçu un coup de poing en plein plexus solaire. Son front luisait de sueur, ses cheveux collaient à son visage, et son menton tremblait.

Le passé de Mary se trouvait dans *Mémento.* Si la vieille dame connaissait Shanel, pourquoi ne lui en avait-elle jamais parlé ? On lui cachait un lourd secret, Léna en était sûre, à présent. Elle referma le manuscrit d'un mouvement brusque puis se leva. Elle devait en savoir plus. Elle devait questionner la vieille dame.

Une quinte de toux ébranla son corps, une toux caverneuse et grasse qui la laissa à la fois pantelante et pâle. Elle vacilla et se rattrapa de justesse à la poignée de la porte. Pendant que les mouches lumineuses qui brouillaient sa vision s'estompaient, Léna réussit à garder son objectif en tête. Elle se concentra intensément alors qu'elle descendait prudemment l'escalier.

Elle ouvrit résolument la porte de la cuisine et planta un regard dur dans celui, fatigué, de sa protectrice.

– Est-ce que je suis un cobaye de J.E., comme Shanel ?

La vieille dame tituba et se retint à la table. La bouche soudain sèche, elle ne parvint qu'à répondre :

– Qui ça ?

– Shanel !

– Où as-tu entendu ce prénom ? demanda Mary d'une voix blanche.

Une vive douleur transperça la poitrine de Léna, qui se plia en deux, la respiration courte et sifflante. Puis une énième violente quinte de toux la secoua de part en part.

– Doux Jésus ! gémit Mary.

Elle l'entoura de ses bras et l'accompagna à petits pas vers le sofa, où elle l'allongea. Elle la recouvrit d'un plaid usé qu'elle affectionnait beaucoup – un cadeau de sa protégée pour son quarantième anniversaire.

– Je vais aller te préparer une infusion au thym et à la sauge avec du miel.

Dans la cuisine, Mary se cramponna au bord de l'évier, le cœur serré et les paupières bordées de larmes. Qui avait parlé à Léna du programme J.E., et de Shanel ? Andrew ? Impossible ! Il savait à quel point elle était fragile, ces temps-ci.

La tisane prête, Mary retourna auprès de Léna somnolente. Elle épongea son front couvert de fines gouttelettes de sueur et arrangea les coussins sous sa tête.

– Tiens, ma chérie. Bois un peu pour calmer ton larynx.

Léna obtempéra par petites gorgées, en soufflant régulièrement sur la vapeur qui tournoyait dans la tasse. Elle sembla se sentir mieux. Ses yeux avaient perdu de leur dureté et son front redevenait lisse. L'incident était déjà sorti de sa tête. Sans doute le prénom Shanel également. Mais Mary ne tenait pas à raviver ce souvenir, trop ébranlée par l'accusation de Léna.

– Je vais aller m'allonger un peu sur mon lit.

– Bien sûr, mon trésor.

Léna se redressa et grimaça ; ses articulations protestèrent en craquant. Elle enroula le plaid autour de son corps tel un sari, attrapa sa tasse à moitié pleine et embrassa la vieille dame sur la joue.

– Je suis contente que tu aies gardé cette courtepointe depuis tout ce temps, dit-elle en s'éloignant.

Mary, estomaquée, s'assit lourdement dans son fauteuil.

Après un instant de réflexion, elle s'empara du téléphone :

– Docteur Goodwin, c'est Mary. Vous devriez venir au plus vite.

Léna s'allongea sur la couette, les bras sous la tête, et fixa le plafond où pendait un mobile de feuilles d'automne associées avec des morceaux de bois flotté, trouvés au bord du lac Kensico. Elle y avait rajouté au fur et à mesure quelques reliques, une plume, un vieux pendentif abandonné, une fée de chiffon.

Son esprit glissa lentement vers un amalgame de sombres pensées.

Son regard dévia sur les post-it et les détailla un à un. Le nom d'Étaine apparut dans son champ de vision. Elle tiqua. Le manuscrit ! Léna l'ouvrit, après l'avoir délogé de sa cachette, au chapitre « Deux sœurs et une nounou », et relut attentivement ce passage, en s'appliquant. Peine perdue. Paragraphe après paragraphe, les informations désertaient sa mémoire. Elle revint à la charge, obstinée, et réitéra encore et encore, persuadée qu'elle y arriverait, que ce n'était qu'une question de volonté et de vigilance.

À ce point absorbée par son travail de concentration, Léna zappa la méthode qui consistait à consigner au fur et à mesure ses réflexions ou interrogations. Elle pensait à un mot. Il s'évaporait. Elle partait alors de longues minutes à sa recherche, intensément, à en avoir une migraine terrible. Elle abandonnait. Reprenait. S'immobilisait à la fin du paragraphe parcouru, son crayon à la main, le carnet sur ses genoux.

Et tout recommençait.

En boucle.

Elle avait mal aux poumons, sa gorge était sèche et son front brûlant. Il était seize heures. *L'heure du goûter*, lut-elle sur le tableau noir. Mais elle n'avait pas faim. Elle se recroquevilla contre la tête de son lit, l'oreiller sur le ventre, le manuscrit toujours sur la couette. Le calepin glissa et Léna le retint de justesse. Machinalement, elle l'ouvrit.

JE VAIS MOURIR.

Une larme roula sur sa joue fiévreuse.

Retrouver Myrtille à tout prix ! Je dois lui avouer !

Quand avait-elle écrit cela ?

Elle s'essuya les yeux d'un revers de manche et épongea la morve sur son menton du plat de la paume, qu'elle frotta ensuite sur son pantalon. Elle savait pourtant que Mary détestait ça. Depuis toute petite déjà, elle la réprimandait quand elle la surprenait à agir de cette manière.

Léna se contracta. Son esprit s'échappait de nouveau, chafouin. Il ne lui laissait aucun répit. Myrtille ! Elle devait parler à Myrtille. D'urgence ! Elle le nota dans son carnet, mais elle savait qu'elle n'attendrait pas le lendemain. Elle devait la revoir au plus vite, et même si elle n'avait pas son adresse, elle savait où la trouver.

Aux Aigles Bleus.

Quand Andrew jaillit de la voiture, la fin d'après-midi colorait déjà le ciel de ses couleurs chaudes. En ce début d'automne, le fond de l'air était frais. Le neurologue sonna à la porte, qui s'ouvrit aussitôt sur le visage défait et chiffonné de Mary. Elle paraissait plus âgée que d'ordinaire. Un pied nu dans ses pantoufles, sa robe de chambre mal boutonnée, ses cheveux en bataille – jamais il ne l'avait vue sans chignon, et il en fut dérouté.

– Entrez, docteur. Merci d'être venu.

Le salon paraissait aussi confus que la propriétaire des lieux. Mary n'avait pas débarrassé la table basse ni tiré les rideaux, alors qu'habituellement, elle était extrêmement ordonnée, à la limite de la maniaquerie. Tout trahissait son désarroi.

– Elle a reparlé de sa mort ? questionna Andrew en s'asseyant près de la vieille dame.

– Non, elle a oublié... jusqu'à la prochaine fois où elle consultera son carnet, souffla-t-elle. Là, c'est plus grave. Depuis sa pneumonie, elle n'est plus la même. Son attention fond aussi vite qu'un glaçon au soleil. Elle souffre de son corps vieillissant et elle semble perdue.

Sa voix se brisa dans un sanglot à peine réprimé. Elle toussa dans son poing pour masquer son émotion, redressa le buste, et fit face à son interlocuteur.

– Ce n'est pas pour ces raisons que je vous ai demandé de venir, vous les connaissez. Certaines choses lui reviennent en mémoire. Tout à l'heure, elle m'a interrogée sur Jeunesse Éternelle et elle m'a parlé de Shanel...

Andrew se contracta.

– Vous pensiez que je serais compétente pour m'occuper d'elle, ajouta-t-elle, mais voyez le résultat : je suis inutile. J'ai bien peur de ne plus pouvoir rien faire pour elle.

– C'est faux, Mary. Personne ne ferait mieux que vous.

– Non, je n'y arrive plus. Tout est allé trop vite ces dernières semaines. La vérité... la vérité, c'est que je ne crois pas être capable de la voir partir.

– Vous avez besoin de repos. Je vous propose que nous trouvions une solution provisoire le temps pour vous de reprendre des forces.

– C'est fini, alors à quoi bon ?

Andrew serra affectueusement la main de la vieille dame avant de se lever.

– Elle est dans sa chambre ?

Mary hocha la tête.

– Je peux ?

Il monta les escaliers et frappa à la porte de Léna. Aucune réponse. Il tourna lentement la poignée et pénétra dans la pièce plongée dans la pénombre. Les volets étaient fermés, et seule la lumière du couloir se faufilait par l'entrebâillement de la porte, zébrant le lit… vide.

*

Le manuscrit sous sa parka, Léna avait enjambé le nez de fenêtre et s'était faufilée sur un pan du toit de la véranda. Agrippée à la gouttière, elle avait glissé jusque sur la pelouse. Même si son cerveau ne lui laissait aucun répit, affaiblissant sa concentration, elle gardait le prénom de Myrtille, murmuré inlassablement entre ses dents. Son objectif.

Elle avait ainsi progressé, voûtée, le souffle court, retenant pas après pas une quinte de toux, les larmes au bord des paupières et le visage cramoisi. Elle avait parcouru les derniers mètres vers la liberté en titubant, le dos toujours arqué. Certaine de ne plus être vue, elle s'était dépliée tout à fait et avait pressé le pas.

Étonnement, elle se rappela sans trop de mal le chemin qui menait aux Aigles Bleus. Elle jetait des coups d'œil réguliers à son carnet où elle lisait en boucle : retrouver Myrtille. Pour quelle raison ? Elle ne s'en souvenait pas exactement, mais elle savait que tout lui reviendrait quand elle aurait la gamine en face d'elle. Mais lorsque, enfin, le portail se découpa devant elle, elle perdit sa résolution… Le spectacle des rayons du soleil déclinant à travers les ramures balayées par le vent créait un jeu d'ombre et de lumière qui dessinait sur la pelouse des arabesques aléatoires, et Léna se perdit dans la contemplation de ce spectacle… Elle oublia la raison de sa venue.

Avec délices, elle se coula dans un cocon invisible de sérénité et avisa un petit coin en retrait où elle s'allongea sur l'herbe pour récupérer un peu de son effort. Elle enfonça ses écouteurs dans ses oreilles, enclencha *Agnus Dei* et mit le volume à fond. Elle resta là, bercée par les chœurs, à admirer les formes aléatoires qui défilaient devant ses yeux, à goûter à la paix qui l'enveloppait.

C'est la main d'Andrew sur son épaule qui fit sortir Léna de sa douce torpeur. Depuis combien de temps était-elle là ? Elle rangea son MP3 avec des gestes lents.

– Léna, tu ne peux pas t'enfuir comme ça, nous étions morts d'inquiétude.

Le neurologue lui tendit la main pour qu'elle se lève.

– Viens, je te ramène.

Une lueur de lucidité anima les pupilles de Léna.

– Non. J'ai quelque chose d'important à faire.

Elle frissonna et son front se plissa sous l'effort.

– Je dois parler à Myrtille parce que…

Sa phrase fut ponctuée par un long sanglot. Andrew s'approcha d'elle et passa un bras réconfortant autour de ses épaules.

– Mais je n'ai pas son adresse, pleura-t-elle.

– Je t'y conduirai dès la première heure demain matin. Je te le promets. Allez viens.

– Non, Andrew. Cela concerne mon passé. Je suis en train de disparaître et je ne peux vraiment pas attendre.

Le médecin blêmit quand elle sortit le manuscrit de sous sa veste.

– Mais qu'est-ce que… Où tu as eu ça ? balbutia-t-il.

– C'est Étaine qui me l'a donné : le roman inachevé de sa sœur. Vous connaissez Shanel ?

– Si je connais… qui ? bredouilla Andrew.

Andrew n'en revenait pas qu'Étaine ait décidé de lui donner *Mémento*. C'était totalement irresponsable ! Il y avait là-dedans une tonne d'informations, qui pouvaient perturber Léna au-delà de tout…

– Tu veux bien me conduire chez Myrtille ? implora Léna, inconsciente de l'agitation du neurologue.

Déconcerté par le comportement de Léna, qui semblait vivre dans l'urgence, prête à mourir d'une minute à l'autre, Andrew accepta.

Dans la voiture, Léna se plongea aussitôt dans la lecture d'un chapitre du manuscrit, ce qui déstabilisa encore plus le neurologue, stupéfait de voir sa jeune patiente dans une activité aussi intense pour son cerveau défaillant.

Et si ce manuscrit l'aidait, finalement ? pensa-t-il, alors qu'il bouclait sa ceinture de sécurité.

20

Une histoire incomplète et deux prénoms

Jour après jour, le quotidien est plus lourd à porter. Le sens des réalités échappe de plus en plus à Shanel, et j'enrage de mon impuissance. Elle ne cesse de fuguer, ne s'alimente que sous la contrainte, comme une enfant capricieuse que je dois inlassablement rappeler à l'ordre. Il y a aussi son agressivité qui, pour des broutilles, peut prendre une ampleur impressionnante et se retourner souvent contre moi. Je subis sans broncher ses accès de colère et sa violence verbale.

En vérité, je n'en peux plus.

Les seuls moments où nous retrouvons un peu de quiétude, c'est quand je lui lis des passages de Mémento. Et encore, à mesure que passent les jours, les semaines, les choses l'atteignent de moins en moins. Elle reste là, telle une poupée de chiffon. À s'évader par la fenêtre fermée. À tripoter un fil qui dépasse du plaid.

Et moi, je crève de ne servir à rien.

Je ne vois plus mes amis, et Andrew, à peine. J'ai réorganisé mon planning au laboratoire pour passer le plus de temps possible avec Shanel, mais dès que je sors, je m'inquiète de savoir ce qu'elle fait. J'ai l'impression de m'enfoncer dans une spirale infernale qui ne me laisse aucune bouffée d'oxygène.

Je suffoque de n'être que le spectateur de cette dégradation douloureuse. Chaque soir, je m'endors en pleurant, aux prises avec cette peur récurrente : ne devenir qu'une inconnue aux yeux de ma propre sœur.

Mais quoi que je fasse, elle m'échappe, alors, petit à petit, j'accepte cette dernière étape : celle qui consiste à prendre ses distances.

Et quand Andrew répond à mon invitation cet après-midi-là, il trouve une femme désorientée, mais déterminée.

– C'est trop dur, Andrew, je ne peux plus assumer. Tu sais ce qui est le plus difficile ? Elle est consciente d'avoir ce mal. Pire ! Elle l'accepte !

– Elle n'a pas vraiment le choix, me rappelle tendrement mon amoureux. Je pense qu'il est temps de la confier à des personnes qualifiées pour que tu puisses commencer à faire ton deuil anticipé.

J'ai chaud. Trop chaud. Je prends une grande inspiration sans me laisser attendrir par le regard chagriné de mon amant. C'est à cet instant qu'un brouhaha provient de la cuisine. Nous nous précipitons pour découvrir Shanel, hirsute, en train d'ouvrir les tiroirs à la volée, de claquer les portes des placards, faisant valser les verres, tout en ponctuant cette cacophonie de jurons bien sentis.

Estomaquée, je reste plantée sur le seuil, à contempler les dégâts d'un œil morne et usé.

– Qu'est-ce que vous fichez chez moi ? s'écrie alors Shanel d'une voix suraiguë.

– Shanel ! C'est moi, Étaine...

– Qui ? Je ne vous ai jamais vue de ma vie ! Déguerpissez ou j'appelle la police !

– Je suis ta sœur... Tu ne te souviens pas ? Viens, je vais te montrer des photos...

Bien que gagnée par la panique, je réussis à parler calmement. C'est la première fois que la maladie l'emporte si loin dans sa folie. Néanmoins, son aplomb ne s'envole pas. Au contraire : ses yeux deviennent de plus en plus orageux. Je ne connais que trop bien cette attitude pour savoir qu'il faut réagir. J'enferme Shanel à double tour dans la cuisine, la laissant tambouriner furieusement contre le battant. Je décolle trois photos dans notre vieil album et je les glisse sous la porte. Il faut plusieurs minutes à Shanel pour qu'elle se calme.

– C'est moi, ta sœur, Étaine..., murmuré-je avant de rouvrir.

– Étaine ?

Shanel s'est maîtrisée. Elle me tend l'un des clichés en pleurant.

– Qu'est-ce que je fais vieille sur cette photo !

La crise se termine aussi soudainement qu'elle a commencé et nous laisse pantelantes.

Sans un mot, Shanel se retranche dans sa chambre tandis qu'Andrew et moi restons muets, plongés dans nos réflexions durant une bonne demi-heure. J'admets enfin la nécessité de la placer, car si je n'agis pas, cette situation me détruira. Je repense à l'idée de Shanel, celle de la confier aux bons soins de Mary.

– J'ai des nouvelles de l'avocat, annonce tout à coup mon amant.

– Et elles sont bonnes ?

– Moyen. Le Centre de Recherche Life & Health a réussi à prouver, documents à l'appui, qu'il n'avait aucune responsabilité sur le programme J.E. Il s'est contenté de louer ses locaux, ce qui n'a rien d'illégal. Inutile de continuer sur cette piste-là, mais je ne m'avoue pas vaincu. En revanche... l'un des médecins à l'origine de J.E. a été retrouvé. Il nie tout rôle là-dedans, bien sûr, mais il sera entendu demain par la police. Ils vont avoir du mal à éviter le scandale, maintenant...

J'étais infiniment reconnaissante à Andrew de s'occuper de cette horrible bataille judiciaire. Je n'aurais pas pu prendre sur moi cette charge supplémentaire ; jamais je n'aurais tenu le choc.

– Tu te souviens de la fugue de Shanel lorsqu'elle s'est rendue dans la maison familiale ? me lancé-je, nerveuse. Elle était encore consciente de l'aggravation rapide de son état. Ce jour-là, elle m'a bien fait comprendre qu'elle ne voulait pas se retrouver dans un centre médicalisé. Nous avions alors évoqué de recontacter notre gouvernante. Mary.

– C'est une idée un peu saugrenue de confier ta sœur à votre ancienne nounou, elle doit être très âgée !

– C'est son souhait.

Je m'étire en bâillant bruyamment.

– Ma résolution est prise, Andrew. Tu veux que je me prépare au deuil anticipé ? Eh bien, c'est ce que je fais. J'exécuterai les dernières volontés de ma sœur. Rien ne m'empêche d'en parler à Mary. Nous aviserons ensuite.

Mon amant hoche la tête, résigné.

– Et je vais aussi essayer de retrouver son ami, Voltàn, ajouté-je.

– Pour quoi faire ? s'étonne Andrew.

– Elle a profondément aimé cet homme. Peut-être que le revoir pourrait lui faire l'effet d'un électrochoc ?

– J'ai toujours su que tu étais têtue, mais là, ça dépasse tout... Quand accepteras-tu l'idée que rien n'arrangera sa mémoire ?

– Accorde-moi le droit d'essayer ! Toi-même, tu reconnais que l'évolution de sa maladie n'a rien d'habituel. Alors, on ne sait jamais ! Et puis si cela peut lui faire ne serait-ce qu'un peu de bien, où est le mal ?

– Soit, mais ne viens pas ensuite te plaindre d'avoir dépensé ton énergie pour rien !

– Ce n'est pas pour rien ! C'est pour ma sœur ! Et si je dois pour cela me rendre à l'autre bout du monde pour trouver un remède ou n'importe quoi qui lui permettrait d'améliorer son état, j'irai ! À pied, si c'est nécessaire !

Andrew expire profondément.

– Et je ne t'en aime que plus.

*

Une heure après, nous sommes dans la voiture.

Andrew fixe la route, les sens en alerte. Je l'admire. J'aurais été incapable de prendre le volant, trop stressée, l'esprit tellement accaparé par ce que je m'apprête à annoncer à mon ancienne nounou, que je n'ai pas revue depuis mes quinze ans.

L'adresse dont se souvenait Shanel est bien exacte : Mary habite encore à Valhalla, un petit hameau au nord de White Plains, dans le Westchester. Je n'y ai jamais mis les pieds, et je suis curieuse de voir à quoi ressemble le lieu de retraite de celle qui a bercé mon enfance.

Nous avons laissé Shanel à l'appartement, sous la surveillance d'une infirmière. Celle-ci a tiqué en apprenant le nom de ma sœur ; elle avait lu plusieurs de ses romans. J'ai réussi à m'en sortir en lui faisant croire à un homonyme, mais cela a achevé de me décider : nous devions rapidement cacher Shanel sous une fausse identité.

Sur les conseils de notre avocat, malgré la bonne tournure de l'affaire, nous nous sommes résolus à respecter scrupuleusement la clause de confidentialité que Shanel avait signée. « Dans ce genre d'affaire, avait-il expliqué, il est bon de jouer la carte de la prudence. Nous avons face à nous des personnes peu scrupuleuses, vous l'avez compris. Pour eux, tous les coups sont permis. Mlle Kay sera plus en sécurité si elle bénéficie d'un certain anonymat. »

Il ne fallait donc en aucun cas que quiconque apprenne l'origine de son mal, pas même au Centre des Aigles Bleus où elle serait suivie si Mary acceptait de la prendre chez elle.

– Que penses-tu de Léna ? demandé-je soudain à Andrew.

– Léna ?

– Oui. Comme nouveau prénom pour Shanel. Ma sœur hésitait à prendre un pseudo pour ses bouquins. Son choix s'était arrêté à cette légère anagramme. Je trouve que c'est une bonne idée, et toi ?

– C'est joli ; ça me plaît.

Un magnifique cottage cerclé de verdure et de fleurs se découpe alors devant nous – un jardin amoureusement entretenu. Andrew arrête notre véhicule au bout du chemin goudronné au moment où la porte d'entrée s'écarte. Une dame aux cheveux relevés en un chignon neigeux apparaît, de taille moyenne, un peu enrobée, un tablier bleu pâle maculé de taches de gouache posé par-dessus sa robe mauve.

En revoyant notre chère gouvernante, j'ai un coup au cœur. Quel âge peut-elle avoir, maintenant ? Soixante-quinze ? Quatre-vingt ? Plus ? Je m'extirpe de la voiture, un peu intimidée, et je marche au-devant de ma nounou qui, déjà, m'ouvre les bras.

– Mon trésor ! m'accueille-t-elle.

Et je sais aussitôt qu'elle acceptera de s'occuper de ma sœur. Elle nous a élevées et aimées comme ses propres enfants. Elle a choyé Shanel de sa naissance à son départ, l'a défendue bec et ongles contre nos parents... Elle n'allait pas l'abandonner maintenant.

– Mary, je te présente le docteur Goodwin.

– Vous pouvez m'appeler Andrew...

– Hors de question, jeune homme ! Je ne me permettrais pas !

Le ton sans appel de la vieille dame fait rougir mon amoureux de médecin, et nous entrons tous les trois dans sa maison.

Elle fleure bon le pain, le gâteau, la peinture, et le parfum que ma nounou a toujours porté : mélange de vanille et de jasmin. Un flot de souvenirs remonte des eaux profondes de mon enfance. Il me suffit de fermer les yeux pour me retrouver chez mes parents, après l'école, où un chocolat chaud m'attend, accompagné d'une tranche de brioche cuite le matin même ou de deux cookies encore tièdes.

Mary nous invite à nous installer dans la véranda, et elle revient les bras chargés d'un plateau garni de muffins et de café. Nous parlons un peu du passé, de nos vies respectives, puis j'aborde la raison de notre venue. Andrew prend le relais alors que ma voix chevrote. Il entre dans les détails, sans rien omettre.

Il sait, lui aussi, que la partie est gagnée, car sous ses airs bourrus et fiers, la vieille dame était dotée d'un cœur immense et d'une âme sincère.

– Elle est au courant de votre intention de me la confier ?

– C'était son idée.

Un profond désarroi se lit sur son visage parcheminé.

– Quelle horreur cette histoire, tout de même.

Mary se sert une demi-tasse de café et l'avale d'une traite.

– Très bien, conclut-elle. J'accepte à une condition : nous ne lui parlerons plus de son passé. Cela doit être insupportable pour elle de sentir sa propre histoire lui échapper.

Elle se tourne vers Andrew.

– Il me semble que c'est le meilleur moyen pour Shanel de retrouver un semblant d'équilibre. Cela peut réduire ses fugues et ses accès de violence. Qu'en pensez-vous ?

Il acquiesce d'un mouvement du menton. J'interviens d'une petite voix :

– Dorénavant, elle s'appellera Léna.

– Soit. Je serai donc sa grand-mère. Pour simplifier les choses et faire taire les curieux.

– Officiellement, elle est atteinte d'une maladie contractée à la naissance qui lui fait perdre la mémoire, l'informe Andrew.

– Est-ce que j'aurai quand même le droit de lui rendre visite ?

Alors que Mary se raidit, j'ajoute précipitamment :

– Tu ne peux pas me demander de ne plus la voir, tu comprends ? Une seule visite hebdomadaire. Le dimanche ?

– Bien sûr, ma chérie.

Au moment où nous quittons Mary, je sens mes épaules s'alléger d'un poids immense, et j'éclate en sanglots.

21

Je m'appelle Shanel Kay et je ne dois pas disparaître

Le tableau de bord du véhicule affichait vingt heures.

Le docteur Goodwin roulait au pas sur l'allée gravillonnée qui menait à la demeure de la famille Green. Quand Léna avait refermé le manuscrit, il avait bien tenté d'engager la conversation, mais il s'était heurté à un mur et avait fini par capituler. Depuis, dans le mutisme le plus complet, Léna gardait le nez collé à la vitre, comme résignée, et consultait régulièrement son carnet pour ne pas oublier où ils allaient et ce qu'elle devrait y faire.

Avant de repartir du centre, Andrew était allé sonner à la porte du directeur, qui n'avait pas caché sa désapprobation : il n'était pas autorisé à divulguer les adresses de ses jeunes patients. Pour couronner le tout, Nancy avait menacé d'expulser Léna si Andrew ne lui disait pas enfin la vérité sur son cas.

Acculé, Andrew avait fini par décréter que Léna ne viendrait plus au Centre dorénavant. De toute façon, les jours de sa patiente étaient comptés, c'était finalement ce qu'il y avait de mieux à faire.

Andrew était reparti, épuisé, mais avec l'adresse de Myrtille en poche. Il avait également un numéro de téléphone qu'il avait composé avant de prendre la route. Son correspondant avait accepté chaleureusement cette visite après quelques explications succinctes.

Il coupa le moteur en annonçant :

– Nous sommes arrivés.

Léna décrocha sa ceinture en lui lançant un coup d'œil anxieux, puis tous deux descendirent du véhicule pour aller frapper à la porte d'entrée.

– Faites le tour ! cria une voix masculine.

Ils suivirent l'indication et débouchèrent dans un jardin à la fois sauvage et discipliné. Une multitude de fleurs et de plantes aromatiques s'étalait avec vivacité dans un rectangle de deux cents mètres carrés environ, qui aurait pu être plus vaste si le terrain n'avait pas été grignoté par une terrasse et une piscine.

– Bienvenue ! les salua un homme aux cheveux grisonnants, coupés courts, avec un fort accent français. Je m'appelle Christophe, ajouta-t-il en serrant la main du neurologue.

– Bonjour, je suis le docteur Goodwin, et voici Léna, qui est pensionnaire aux Aigles Bleus avec votre fille.

– Myrtille est alitée, mais nous pouvons aller voir si elle ne dort pas.

Il guida Léna dans la maison baignée d'une multitude de doux points d'éclairage. La chambre de Myrtille, au contraire, était plongée dans la pénombre. Léna se faufila à l'intérieur et découvrit, à la lueur d'une veilleuse, le corps de la fillette relié à une machine qui ronflait. Le visage pâle de l'enfant trahissait sa souffrance. C'était la première fois que Léna voyait Myrtille sans ses nattes ; ses cheveux s'étalaient sur son oreiller, hormis quelques mèches qu'une mauvaise fièvre collait à ses tempes.

– Elle est très affaiblie, précisa Christophe. Tu ne pourras pas rester longtemps.

Léna s'approcha timidement du lit. Elle avait du mal à reconnaître la Myrtille insouciante et pleine de vie qu'elle avait rencontrée au Centre. Elle en oublia le but de sa visite.

– Tu peux t'asseoir près de moi, l'invita la petite.

Comment faisait-elle pour sourire, ainsi entourée d'appareils et de tuyaux, et affectée par un mal dont le nom échappait à Léna ?

– De quoi souffres-tu ?

– C'est mon cerveau qui est malade, répondit Myrtille.

– Pourquoi ?

Le rire cristallin de la fillette résonna contre les murs tapissés d'un papier imprimé de délicates fleurs roses.

– J'en sais rien !

Léna promena son regard autour de la pièce. En temps normal, cette chambre devait être accueillante : un bureau face à la fenêtre dotée de rideaux lilas, deux bibliothèques garnies de livres de toutes les tailles, une penderie, une étagère croulant sous les poupées et les peluches et, sur la table de chevet, la photo d'une femme dans un petit cadre.

– C'est ta maman ?

– Oui. Elle est belle, hein ? Tu vois qu'elle te ressemble, je te l'avais dit !

Léna se rapprocha du cliché. Elle cligna plusieurs fois des paupières, et une ride se creusa entre ses sourcils. Des cheveux blonds vénitiens auréolaient le doux visage de cette jeune femme. Mais ce furent surtout ses iris d'un bleu limpide qui interpellèrent Léna.

– Où est-elle ? demanda-t-elle d'une voix rauque.

Un rideau humide envahit aussitôt les yeux de la fillette.

– Elle est au ciel, dit-elle en reposant sa tête sur l'oreiller.

La pâleur de son visage et ses traits tirés la faisaient paraître plus âgée. La gorge de Léna se contracta. De sa paume fraîche, elle effleura le front chaud de Myrtille, le caressa tendrement et descendit sur sa joue en un geste tout maternel.

« Pauvre petite, songea-t-elle. Tu devrais courir dans le jardin, plonger dans la piscine en éclaboussant toute la pelouse, rire et t'amuser, plutôt qu'être clouée dans ce lit. Si tu étais mon enfant… »

Léna retira vivement sa main et se leva d'un bond. Ressurgit alors dans son esprit une scène d'une grande violence. Juste avant l'orage. Myrtille qui lui arrachait le manuscrit des mains, et elle qui la frappait sans pitié. Léna était venue ici pour s'excuser. Était-ce tout ? La mère de Myrtille la troublait. Des traits qui ne lui étaient pas inconnus ; les siens, en fait, si elle avait été plus âgée. Une ressemblance frappante, effectivement.

Elle effleura le portrait du bout du doigt, comme si elle pouvait par ce geste lui redonner vie, ou redonner vie à des souvenirs qui s'évertuaient à rester cachés.

– Tu as d'autres photos de ta maman ?

De l'index, Myrtille désigna le mur derrière elle. Léna se retourna et chancela, déstabilisée. Une multitude de clichés composaient une fresque poignante sur un tableau de liège.

– Elle s'appelait Kaytlinn, confia la fillette, inconsciente du tourbillon qui secouait le cerveau de Léna. Dis... pourquoi tu es venue me voir ?

– Je... je tenais à m'excuser pour l'autre jour.

Les souvenirs étaient là, à l'orée de sa conscience, mais encore si lointains, si insaisissables. À la dérobée, Léna décrocha une photo, qu'elle enfouit dans sa poche de pantalon. Pourquoi ? Elle n'aurait su l'expliquer. Le rouge aux joues, elle se retourna face à la fillette qui grimaçait de douleur. Son cœur se tordit dans sa poitrine.

– Pourquoi es-tu malade ? s'écria-t-elle. Je refuse que tu sois malade !

– Ce ne sont pas des choses qu'on choisit, murmura Christophe dans son dos.

Andrew et lui étaient entrés sans bruit dans la chambre.

– C'est à cause de moi, c'est ça ? gémit Léna qui se débattait dans l'entrelacs de ses souvenirs anciens et du présent. Si je n'avais pas participé à ce stupide programme, je ne lui aurais pas transmis cette maladie qui grignote son c...

Le Français fronça les sourcils.

– Qu'est-ce que tu racontes ? C'est la dégénérescence de son cerveau qui provoque ses amnésies...

– Vous mentez ! Myrtille va mourir, comme moi ! J'aurais tellement aimé la voir grandir, tellement aimé rester auprès d'elle..., ajouta-t-elle dans un murmure.

Christophe se tourna d'un bloc vers Andrew, devenu blanc comme un linge.

– Je ne comprends pas... Elles sont liées à ce point ?

– Bien sûr : je suis sa mère ! répliqua Léna.

– Non, rétorqua le père de Myrtille d'une voix douce, mais ferme. La mère de Myrtille s'appelait Kaytlinn. Elle est décédée.

– Kaytlinn..., répéta doucement Léna. D'où venait-elle ?

– De Louisiane...

– Kaytlinn... Kaytlinn est ma fille ! avoua-t-elle dans un souffle.

Les deux hommes la contemplaient avec des yeux agrandis par l'effarement.

– Je pense que vous devriez nous laisser, maintenant, dit Christophe au neurologue. Votre patiente n'a plus toute sa tête et elle fatigue Myrtille.

– Oh ! Je n'ai peut-être plus toute ma tête, mais je sais encore ce que je dis !

– Mais voyons, Kaytlinn avait deux fois ton âge ! insista le Français.

– Je ne crois pas, non ! Je m'appelle Shanel Kay, et je n'en ai peut-être pas l'air, mais je m'apprête à fêter mes soixante-deux ans !

– Nous allons partir, bredouilla Andrew, rendu très mal à l'aise par cette scène soudaine. Pardon pour le dérangement...

*

Les jours qui suivirent sa visite chez Myrtille, Léna resta prostrée dans une apathie déchirante. Elle ne faisait plus aucun effort de concentration, ne consultait plus son planning quotidien ni les post-it affichés sur ses murs. Tout ce qui constituait ses repères, comme autant de petits cailloux disséminés dans la forêt pour retrouver son chemin, semblait expédié aux oubliettes. Elle n'aidait plus Mary à confectionner les repas ou mettre le couvert. Elle ne s'alimentait que sous la contrainte, de même pour la toilette.

Sa santé physique se dégradait aussi rapidement que ses facultés mentales. Elle toussait de plus en plus, s'essoufflait au moindre effort, maigrissait à vue d'œil. L'arthrose grignotait voracement chaque cartilage de ses articulations, sa vessie se relâchait et quelques dents se déchaussaient.

La cataracte guettait, tapie dans l'ombre du vieillissement, alors qu'une certaine surdité s'enracinait.

Devenue entièrement dépendante, Léna mourait, en silence et à petit feu.

Et elle se désintéressait de tout.

Enfin… de presque tout.

Car, chaque jour à la même heure, qu'il pleuve ou non, elle allait s'installer sur le banc au fond du jardin, *Agnus Dei* en boucle dans les oreilles. Jusqu'à ce que Mary vienne la chercher.

Léna attendait Étaine en parcourant note après note son calepin. Parfois, elle arrachait les pages qu'elle estimait inutiles et les laissait s'envoler au vent.

Et puis, un matin, encore au lit, alors qu'elle relisait une énième fois les notes qui subsistaient, elle parut se réveiller d'une longue apathie en lisant cette phrase tragique :

JE VAIS MOURIR.

Elle arracha la page, l'enfourna dans sa bouche, mâcha longuement et avala d'un coup la bouillie infâme, comme pour rejeter cette ultime réalité. Subitement, elle se remémora ces événements qui l'avaient secouée durant des années, elle repensa à Myrtille, et elle crut bien que son cœur allait exploser de douleur.

– Je ne veux pas disparaître ! Pas maintenant !

Elle fourragea dans le tiroir de sa table de chevet et en sortit un crayon.

Je m'appelle Shanel Kay et je ne dois pas disparaître.

La phrase remplissait la dernière feuille blanche de son calepin.

Au moment de le refermer, un carré coloré glissa sur la couette. La mère de Myrtille lui souriait, tenant contre elle le corps fragile et fripé d'un nouveau-né. Du bout des doigts, Léna s'en saisit.

Elle devait poursuivre le manuscrit jusqu'au bout, même si elle ne retenait plus rien de sa lecture un paragraphe à peine achevé.

Elle percevait un détail important, vital, qu'elle devait retrouver.

Mais elle ne se doutait pas un seul instant qu'elle arrivait à la fin du roman inachevé.

22

Départ vers l'ultime chance

Malgré ma promesse de ne plus évoquer son passé, je continue à croire que retrouver Voltàn pourrait aider ma sœur. Mais le Lacandon est introuvable. Après avoir cherché en vain une adresse à New York, je contacte son éditeur, celui qui a publié le livre que Voltàn a envoyé à Shanel. On me promet de l'informer de mon appel… vingt fois. Découragée, je finis par abandonner.

Presque deux ans après, pourtant, au cœur de l'hiver, mon téléphone sonne.

– Je suis bien chez Étaine Kay ?

– Oui, c'est moi.

– Je suis Voltàn ; vous avez essayé de me joindre.

– Vous êtes Voltàn ? répété-je, au comble de l'excitation. Moi, je suis la sœur de Shanel. Vous vous souvenez d'elle ?

– Bien sûr ! Je cherche à la joindre depuis que je suis revenu à New York, mais elle semble avoir disparu.

– Pourrions-nous nous rencontrer ? C'est très important.

– Est-ce qu'elle va bien ?

– Non, pas vraiment. Mais je préférerais en discuter de vive voix. Vous êtes libre ?

Voltàn me donne immédiatement rendez-vous chez lui.

*

– Je ne suis de retour à New York que depuis quelques semaines, s'excuse-t-il en embrassant la pièce du regard.

Le salon est chichement meublé et les murs sont nus.

– J'ai parcouru le monde durant de longues années, en tant que reporter.

Il me propose un verre de vin que je refuse. Je suis trop nerveuse pour avaler quoi que ce soit. J'aimerais me lancer dans le cœur du sujet, mais l'ex-petit ami de ma sœur ne cesse de parler de lui.

– Ces voyages m'ont nourri et enrichi spirituellement, mais aujourd'hui mes racines et mes filles me manquent. À présent, je n'ai qu'un désir : rentrer chez moi, même si je crains le refus des femmes de la tribu.

J'écoute distraitement, cherchant à comprendre où il veut en venir.

– Je suis repu autant que dégoûté de mes découvertes sur ce monde. C'est un métier difficile, vous savez.

Je secoue la tête.

– Non, bien sûr, continue-t-il, vous ne pouvez pas savoir. Je pars bientôt rejoindre les miens, mais j'ai fait une promesse à Shanel. Celle de revenir la voir. Cette fois, ce sera un adieu…

– Vous ne croyez pas si bien dire ! lancé-je pour le forcer à se taire.

Voltàn se raidit. J'en profite pour lui expliquer la raison de ma venue. Je n'omets aucun détail sur l'état de ma sœur ni l'issue proche.

Au point final, il se lève et, le verre à la main, marche jusqu'à la fenêtre.

– Ainsi, Jeunesse Éternelle a détruit la vie de Shanel… Je garde le souvenir de cette femme magnifique lors de notre première rencontre, la quarantaine rayonnante, sa chevelure d'or, ses iris aussi limpides que l'eau d'une rivière, sa peau fine et blanche… Elle avait tout d'une véritable New-Yorkaise, indépendante, active. Je m'en rends compte, maintenant.

Il se détourne de la fenêtre pour s'enfoncer dans son fauteuil.

– Je l'aime toujours, comme j'aime encore ma défunte épouse, Yon.

Les confidences de cet inconnu me mettent mal à l'aise. Je me tortille, prête à bondir vers mon sac à main et ma veste accrochés au porte-manteau. Si j'avais un instant imaginé une telle situation, j'aurais tout déballé au téléphone !

Voltàn attrape une télécommande et appuie sur la touche lecture. Des chœurs s'élèvent.

– *Agnus Dei*, m'informe-t-il alors que je fronce les sourcils. Vous connaissez ? C'est ce qui me rattache à Shanel. J'ai découvert cette musique un après-midi chez un antique disquaire. Elle m'avait ébranlé, jusqu'à me tirer des larmes. Lorsque je l'avais avoué à Shanel, elle s'était moquée de moi, gentiment, avant de se laisser bouleverser, elle aussi, par la beauté de ces voix. Cet *Agnus Dei* a bercé notre relation. Nous l'écoutions tous les soirs avant d'aller nous coucher, enlacés sur le canapé, les paupières mi-closes.

Je frissonne, des larmes baignent mes joues. Ainsi, cette musique que Shanel écoutait régulièrement avait une histoire... Leur histoire...

Du plat de la paume, Voltàn caresse son crâne rasé, puis descend sur sa nuque.

– Peut-être que si je n'avais pas abandonné Shanel, tout cela ne serait pas arrivé.

– Rester n'aurait rien changé. C'est J.E. qui a pourri son corps et son esprit.

Les doigts de Voltàn se crispent sur la télécommande.

– Pourquoi ceux qui lui promettaient tant l'ont-ils abandonnée ? Si seulement je pouvais l'aider...

Il ferme les yeux un instant. Les chœurs se taisent. Le silence nous enveloppe. La présence de ma sœur plane au-dessus de nous. Il rouvre les yeux, une étrange lueur dans le regard.

– J'ai une idée, tellement saugrenue que j'en rirais presque si tout espoir n'était pas vain.

Je redresse les épaules et m'avance sur mon siège, soudain très attentive.

– Si les *T'surs* se fichent de réparer l'horreur qu'ils ont fait naître dans le corps de Shanel, peut-être que les sorcières de mon peuple seraient capables de trouver un remède ?

Voltàn avale le reste de son whisky.

– Et si la solution se trouvait là-bas, dans la nature sauvage de mon pays ? Vos chercheurs méprisent tellement les médecines ancestrales, qu'ils n'ont certainement pas exploré dans cette direction.

Un projet insensé, mais qui me plaît aussitôt. Pourquoi ne pas tenter ce dernier acte extravagant ? Car que puis-je faire d'autre que tenter l'impossible, au lieu d'attendre que ma sœur meure dans mes bras ?

Après plusieurs heures de discussion, nous nous mettons d'accord, Voltàn et moi pour monter une expédition. Rien ni personne ne peut me faire changer d'avis.

Et quand j'expose mon projet à Andrew, en rentrant, il n'en revient pas.

« Toi, biologiste, scientifique ! tu es prête à partir à l'autre bout du monde avec un homme que tu connais à peine pour dénicher dans la forêt une éventuelle potion magique... C'est de la folie ! »

Cependant, ma décision est prise et mon amant comprend qu'il ne pourra me détourner de mon nouvel objectif. Il ne me reste plus qu'à trouver les fonds pour une telle opération.

*

Il nous faut plusieurs semaines pour rassembler l'argent nécessaire et organiser ce voyage. Je suis consciente que partir si loin, pendant de longs mois, pour sans doute revenir bredouille et ne pas retrouver ma sœur est un grand risque. L'organisme de Léna s'affaiblit de jour en jour, ses défenses immunitaires chutent vertigineusement, et elle a subi une énième mue...

Mais je crois en notre succès.

Le dernier dimanche, juste avant de m'envoler vers l'inconnu, je décide de braver l'interdiction de Mary : j'emporte, pour Léna, le roman inachevé. Mémento.

Elle m'attend dans le jardin, sur le banc, comme chaque fin de semaine. Le printemps est magnifique, et la température très agréable en plein soleil. Je me baisse pour déposer un baiser sur son front, puis m'installe à ses côtés. À chacune de mes visites, nous parlons de ce qui nous entoure, car il est impossible d'interroger Léna sur la semaine qui s'achève. Mais cela ne me dérange pas, j'adore passer ce moment avec elle.

Goûter aux silences, aux regards, aux frôlements.

Aujourd'hui, c'est différent.

Je suis nerveuse. Je sais pourtant que Léna ne sera pas affectée bien longtemps par la nouvelle. Je jette un coup d'œil vers la maison : Mary nous observe par la fenêtre de la cuisine. Je me compose un visage calme malgré l'intense bouillonnement intérieur qui me noue le ventre. Je dois faire très vite et j'espère que la réaction de Léna ne fichera pas tout par terre.

En me contorsionnant, je débarrasse mes épaules de mon sac à dos pour le poser sur mes genoux.

– J'aime être loin de la ville, confesse soudain Léna. Cette campagne est si paisible.

Je fronce les sourcils et la fixe. Il lui arrive parfois d'avoir des épisodes de lucidité, mais qui peut deviner combien de temps ils dureront et ce qu'elle se rappellera précisément ?

Mary a disparu de la fenêtre de la cuisine.

– Il faut que je t'avoue quelque chose, commencé-je. Je vais partir un long moment.

Léna reporte son attention sur mon visage.

– Je t'en prie, écoute-moi bien, imploré-je. C'est très important.

J'attrape les mains de Léna et les serre fortement. Elle se laisse faire, tentant de se concentrer.

– Je ne pourrai plus venir te voir toutes les semaines, pas avant quelques mois. Ça me brise le cœur, mais je n'ai pas le choix.

– J'habiterai seule ?

– Non, Mary te garde près d'elle. Personne ne t'abandonne. Je te promets d'être de retour très vite. Et puis, il y a Andrew. Tu l'aimes bien, n'est-ce pas ?

Je me racle la gorge, pour me donner le courage de continuer face au mutisme, et ouvre la grande poche de mon sac à dos.

– C'est pour toi, déclaré-je en posant un paquet rectangulaire sur ses genoux.

– Un cadeau ?

– En quelque sorte, oui. Je souhaite que tu le conserves précieusement. Mais tu ne dois pas le montrer à Mary, je n'ai pas le droit de... de...

Je me tais, en proie à une vive émotion que je chasse en secouant mes boucles rousses.

– C'est le dernier roman de ma sœur, avoué-je d'une voix blanche.

– Je ne me souviens pas d'elle.

– Elle était comme toi.

– Comme moi ?

– Elle a aussi perdu la mémoire.

– Ah...

– Je pense sincèrement que ce récit pourrait t'aider.

Léna ne me regarde plus.

– Qui est ce monsieur ?

Je redresse promptement la tête. Voltàn s'est immobilisé sur le perron de la véranda. Une chemise ample par-dessus son pantalon en toile, des traits marqués, des cheveux coupés ras grignotant son crâne d'un masque sombre.

– Un ami.

– Je le connais, non ?

Les yeux de Léna sont réduits à deux fentes.

– Son visage m'est familier.

Sceptique, j'observe Léna pour chercher une trace d'ironie. Mais non. Son visage reflète juste une intense attention, et une lueur inhabituelle brille dans ses pupilles.

– Je dois partir.

– Pourquoi tu dis que je suis comme ta sœur ? me demande subitement Léna tandis que je me lève. Moi, je n'ai pas perdu la mémoire.

– Alors tant mieux, répondis-je avec un sourire forcé. Je pense quand même que ce roman peut t'intéresser. Ma sœur y parle d'elle… pendant les dix dernières années. Il n'est pas achevé ; j'ai poursuivi au moment où sa santé s'est dégradée. Il faut vraiment que j'y aille, maintenant.

Je me penche pour l'embrasser sur la joue.

– Prends soin de toi.

– À dimanche prochain.

Je secoue la tête, mais ne démens pas. À quoi bon ? Je foule le gazon impeccablement entretenu jusqu'à la maison.

– Comment s'appelle ta sœur, au fait ? crie Léna.

– Shanel !

Après un petit signe de la main, je disparais dans la véranda, entraînant Voltàn par la manche de sa chemise.

– Pourquoi tu t'es montré ? le réprimandé-je.

Il frotte son menton où s'étale une barbe naissante et clairsemée.

– J'aimerais tellement lui parler...

– Je vous le déconseille, lance une voix autoritaire derrière lui.

Mary le toise de la tête aux pieds.

– Je n'aurais pas dû accepter de vous recevoir ici.

L'homme n'entend pas. Ses yeux sont rivés sur le jeune visage de Léna, assise sur le banc et maintenant fermement les deux pans de sa veste fermés sur son ventre pour dissimuler le paquet rectangulaire.

Je lui tapote l'épaule.

– Nous devrions filer. L'avion décolle dans deux heures.

– Oui, déguerpissez, intime sèchement Mary. Vous me l'avez assez perturbée comme ça.

– Encore quelques secondes, supplie l'homme.

– Écoutez, je vous chasse pour son bien, vous comprenez ? Elle ne doit subir aucun choc. Depuis qu'elle vit avec moi, elle a réussi à trouver un peu de stabilité dans le « déséquilibre » de sa maladie. Elle n'a plus jamais fugué ni commis d'actes de violence, et c'est très bien comme ça.

– Tu as raison, marmotté-je. Nous partons. Je te tiens au courant de notre progression. De ton côté, essaie de me donner de ses nouvelles.

– Comment veux-tu que je te joigne là où vous vous rendez ? rétorque ma vieille nounou.

Je sens un tremblement parcourir le bras de Voltàn. Ses traits sont tirés et ses joues pâles.

– Allez… nous ne lui serons d'aucune utilité en restant ici.

23

La fin du roman

Mardi.

« C'est ça, la fin du roman ? C'est comme ça que ça se termine ? »

Léna feuilleta nerveusement les dernières pages vierges, percevant qu'un détail vital lui échappait. Elle ressentait cette urgence de le retrouver pour ne pas emporter son secret quand elle quitterait ce...

Léna vacilla. Mais quel secret ? De ses poings, elle se frappa le front puis les tempes.

Elle voulait savoir. Elle voulait se rappeler. Elle se crispa pour éviter de hurler tant l'effort la faisait souffrir, puis son regard se posa sur la photo de Myrtille dans les bras de sa mère, posée près d'elle.

Une brume nostalgique l'enveloppa, et elle se souvint enfin de ce point crucial, celui qui la hantait, ce fantôme douloureux qui avait écorché sa vie. Elle était essoufflée, et son cœur battait intensément, pulsant dans son cou par saccades douloureuses. Un tic déforma sa bouche, elle cligna plusieurs fois des paupières et se tordit les mains.

Il lui fallait son coffre. Son trésor. Son secret. Elle le devait à Myrtille.

Mais où pouvait-il être ?

Elle se leva en grimaçant de douleur. Ses membres la faisaient tant souffrir ! Elle ouvrit la penderie, déballa les cartons pleins de vieux vêtements d'hiver. Rien. Elle grimpa sur une chaise et vida l'étagère supérieure. Elle s'attaqua à son bureau, où elle retira les tiroirs un à un. En mit tout sens dessus dessous, en vain. Il lui manquait une partie de ses affaires. Un trou noir. Une tranche de vie balayée, comme tous ses souvenirs.

Debout au milieu du désordre, elle chancela. La photo de Kaytlinn lui faisait face, épinglée sur le tableau de liège. *Le* point crucial, celui qu'elle ne devait absolument pas oublier. Mary pouvait peut-être l'aider. Léna descendit au salon, les joues baignées de larmes, et se rua dans les bras de son ancienne nourrice.

– On m'a volé mes affaires ! sanglota-t-elle.

– Voyons, ma chérie, c'est impossible. De quelles affaires parles-tu ?

Léna leva vers le neurologue un visage implorant :

– Mon coffre. Je dois retrouver mon coffre, c'est très important pour Myrtille. Je dois lui raconter la vérité.

– Quelle vérité ?

– Que je suis sa grand-mère…

– Sa quoi ? s'écria Mary.

– Ou sa mère ? Je crois que Myrtille est l'enfant que j'ai eu avec Voltàn.

– Tu n'as jamais eu d'enfant avec Voltàn. Les traitements du programme J.E. t'ont rendue stérile, lui rappela Andrew.

– Tu as raison, marmonna Léna. J'étais bien plus jeune.

Elle s'éloigna, sous les yeux effarés d'Andrew et de Mary devenus blêmes.

– Qu'est-ce qu'elle raconte ? balbutia la vieille dame.

– Je crois qu'elle s'invente une nouvelle vie.

– Comment ça ?

– Elle se sent partir et elle se protège en se créant des souvenirs moins douloureux, plus faciles à retenir...

*

Vendredi.

Mary s'affairait à la cuisine avec des gestes lents. Elle n'avait que très peu dormi. En proie à de nombreux cauchemars, Léna avait hurlé à plusieurs reprises, secouée par des spasmes incontrôlables. La vieille dame l'avait réconfortée à chaque fois du mieux qu'elle le pouvait, mais elle se retrouvait impuissante face à la demande de sa protégée. Elle ne cessait de réclamer son coffre et Myrtille. D'ailleurs, cela faisait deux jours qu'elle avait décidé de ne plus s'alimenter tant qu'on ne lui amènerait pas la fillette.

Mary versa une tasse de café fumant à Andrew qui était arrivé en même temps que les premières lueurs de l'aube.

– Étaine sera là dans deux jours, lui annonça-t-il dès qu'elle s'installa en face de lui. Elle rapporte une plante qui pourrait bel et bien avoir des effets sur le traitement des maladies neurodégénératives, de type Alzheimer.

– Mais ce n'est pas d'Alzheimer que souffre Léna, s'était exclamée Mary.

– Non.

– Donc pour elle, il n'y a plus d'espoir, conclut-elle d'une voix lasse.

– Aucun. Je sais que c'est difficile, Mary, mais il faut se réjouir que l'expédition n'ait pas servi à rien. Au moins, Étaine sera aux côtés de sa sœur quand elle partira…

– Quelle consolation !

Andrew reposa sa tasse vide.

– Hier au soir, j'ai laissé un message à Christophe. Il doit me rappeler dans la journée pour me dire s'il accepte que je vienne chercher Myrtille pour une petite heure.

– Vous n'avez pas peur qu'il vous questionne ?

Les lattes du plafond craquèrent. Mary leva les yeux puis posa son regard sur le carton près du neurologue.

– Elle est réveillée. Vous devriez aller la voir.

Grâce au double des clefs qu'Étaine lui avait confié, Andrew avait récupéré quelques affaires de sa sœur. Il inspira longuement et se leva. Une fois dans la chambre, il sentit son cœur se serrer. Tout en Léna exprimait la détresse, mais la joie éclaira aussitôt ses traits quand elle vit le carton qu'il apportait. Un profond soulagement lissa son visage. Elle poussa le neurologue vers la sortie et s'enferma pour déballer fébrilement son contenu.

Avec délicatesse, elle en extirpa son coffre en bois. Quand elle l'ouvrit, une intense émotion lui comprima la gorge. La délicieuse odeur de benjoin imprégnait tout : le bois lui-même, le tissu d'une robe légère, un dossier en carton souple protégeant lettres et photos… Elle le respira encore et encore, laissant affluer, au gré de ses émotions olfactives, de vieux souvenirs qu'elle pensait avoir enfouis pour toujours.

Et il lui sembla qu'elle réapparaissait. Elle se posta devant le miroir. Oui, c'était bien elle, Shanel Kay, qui lui souriait dans son reflet.

*

Dimanche.

Assise dans la véranda, Shanel contemplait à présent le banc baigné de soleil à travers les baies vitrées. La sonnerie de l'entrée déclencha un frisson glacé le long de ses cervicales. Ces derniers jours, le bruit la crispait profondément. Elle enroula une écharpe autour de son cou et sortit. Ses pieds nus dans ses pantoufles légères furent vite trempés par la rosée encore accrochée aux brins d'herbe. Elle tenta d'accélérer le pas, le dos voûté, appuyée sur la canne que Mary lui avait donnée.

Elle s'assit avec bonheur, en lâchant un profond soupir de soulagement. Elle laissa son regard errer sur chaque recoin du jardin, le ciel, la cime des arbres. Elle regrettait les hirondelles parties vers des pays plus chauds. Elle devait maintenant se contenter de petites mésanges, et des verdiers qui se précipitaient, affamés, sur les boules de graisse accrochées aux branches. Elle avait rempli ses poches de graines de tournesol, qu'elle jeta à ses pieds pour les plus hardis d'entre eux.

Le grincement de la porte de la véranda attira alors son attention. Shanel plissa le front en observant la femme qui venait à sa rencontre. Il lui sembla que son cœur allait exploser dans sa poitrine. Sa sœur !

– Étaine !

– Tu me reconnais ! se réjouit celle-ci en tendant les mains.

– Tu m'as abandonnée.

– Non ! J'étais en Amérique du Sud avec ton ami Voltàn. Nous cherchions une plante pour...

– Où est-il ?

– Qui ? demanda Étaine, même si elle savait pertinemment de qui sa sœur voulait parler.

– Voltàn.

Aussi impressionnée qu'embarrassée, Étaine essuya contre son pantalon ses paumes moites. Ses paroles s'envolèrent dans un souffle de vapeur.

De lourds nuages gris s'amassaient au-dessus d'elles.

– Il est resté là-bas. Mais il m'a donné ça pour toi.

Elle extirpa de son sac une enveloppe qu'elle remit à son aînée. Dedans, une lettre et une photo du jeune homme, l'air grave, mais les yeux pétillants.

– Il a retrouvé ses filles, balbutia Étaine.

Shanel délogea le cliché de sa poche de pantalon. Une grosse goutte de pluie s'écrasa sur son front.

– Moi aussi, j'ai retrouvé ma famille.

Étaine fronça les sourcils. Un claquement sourd résonna au loin.

– Je suis ta seule famille.

Shanel secoua la tête. Elle brandit le cliché :

– Elle, c'est ma fille, dit-elle en pointant de l'index le visage de Kaytlinn. C'est mon secret.

– Andrew m'a raconté ce que tu lui as dit, marmotta Étaine, l'air sceptique et la bouche déformée par une moue usée.

Un éclair déchira le ciel. Les gouttes se firent plus nombreuses, auréolant le banc. Shanel leva son visage vers l'orage. Elle ferma les yeux et rejoignit son monde englouti, où se mêlaient regrets, douleur, solitude et folie, à une autre époque, celle d'une première vie brisée.

Quand elle revint dans le présent, elle scruta le visage d'Étaine brouillé par les larmes et la pluie.

– Bonjour, madame, dit-elle soudain. Vous venez souvent vous asseoir sur cette branche ? Euh… j'ai dit « branche » ? Je voulais dire « banc ». Vous venez souvent sur ce banc ?

– Shanel, rentrons, tu vas prendre froid. Et puis Myrtille t'attend dans la maison, il paraît que tu insistais pour la voir.

En entendant ces prénoms, Shanel sembla revenir à elle-même. Docilement, elle se leva, s'accrocha au bras de sa sœur et marcha à pas lents vers la maison. Dans la véranda, Mary et Andrew se tenaient debout près de la fillette, pâlotte, assise dans un fauteuil profond. Shanel poussa un soupir de soulagement en s'installant à ses côtés.

– Bonjour, Myrtille. Je suis contente que tu sois venue.

D'une main, elle lui prit tendrement les doigts.

– On dirait bien que mon imbécile de cerveau a besoin de te voir pour fonctionner un peu…

– Toi aussi, tu as une mémoire de poisson rouge ? interrogea innocemment la gamine.

Shanel leva les yeux vers Étaine :

– J'ai quelque chose d'important à vous révéler. Écoutez-moi attentivement. J'espère avoir assez de force pour aller jusqu'au bout.

Elle tapota l'accoudoir du fauteuil à sa droite.

– Tétaine, assieds-toi.

Étaine sursauta et pâlit. Sa sœur ne lui avait pas donné ce surnom depuis des années. Des décennies, même. La dernière fois qu'elle l'avait entendu, c'était le jour où son aînée avait quitté la maison. Étaine la revoyait encore en cette matinée sinistre, dans une tenue que ses parents exécraient : longue tunique aux couleurs passées, coquillages à l'encolure et dentelles aux ourlets, sur un court short déchiré, dévoilant ses interminables jambes hâlées, les pieds nus. Une hippie provocante au royaume de la bourgeoisie.

Du jour au lendemain, il y avait eu de l'orage dans la maison. Plus encore qu'à l'accoutumée. Un sujet épineux, passé sous silence, mais qui pesait et rendait l'air irrespirable. Un secret qui ne pouvait être divulgué à la fillette de neuf ans qu'était Étaine à l'époque, et qui entraînait son père et sa sœur dans des conflits sans fin.

Le tonnerre gronda. La pluie crépitait sur les vitres de la véranda.

– Pardonne-moi, petite sœur, commença Shanel. J'ai dû t'abandonner toute jeune entre nos parents sans cœur. Ma seule consolation était que Mary s'occupait de toi. En même temps, je n'ai pas eu trop le choix, papa avait été clair : il n'y aurait pas de bâtard sous son toit, si je voulais garder cet enfant, il fallait que je parte. Hors de question qu'un scandale salisse les Kay.

Une quinte de toux interrompit Shanel qui peinait à parler aussi longtemps.

Le visage de Myrtille s'assombrit. La fillette avait du mal à comprendre le drame qui se déroulait sous ses yeux. Pourtant, elle voyait en Shanel des traits familiers et rassurants. Quant à Étaine, elle fixait son aînée d'un regard dérouté. Était-ce un tour de son cerveau malade, comme le supposait Andrew ? Son imagination qui balayait la vérité pour se fabriquer des repères plus faciles ? Une invention pour l'aider à franchir la dernière étape de cette tragédie ?

Shanel lut le scepticisme sur le visage de sa sœur et se redressa en s'aidant de sa canne.

– Je monte chercher ma boîte. Tu comprendras mieux.

Étaine s'accrocha au regard de son amant où elle puisa un soutien nécessaire. Sans avoir la force de bouger, elle se tordit nerveusement les doigts en écoutant sa sœur s'essouffler dans les escaliers. Les marches craquèrent. Une porte grinça, puis claqua.

Étonnement, Shanel restait concentrée, mais ses efforts étaient si douloureux qu'un fin voile de transpiration maculait son front. Elle ouvrit le premier tiroir de sa commode où nichait le coffre en bois, masquant la couverture rose sale du manuscrit. Elle le fourra dans la boîte parfumée au benjoin qu'elle cala sous son bras, et fit demi-tour, presque prestement, comme prise par l'urgence.

Elle revint dans le salon, chancelante et pâle. Mary, Myrtille, Étaine et Andrew étaient restés aux mêmes places, tels des spectateurs attendant que la représentation reprenne après l'entracte.

– Qu'est-ce que tu as ? s'inquiéta la fillette en voyant Shanel grimacer à chaque pas qui la ramenait vers le confortable fauteuil.

– Je vais mourir.

– Tu es malade, toi aussi ?

– Non. Juste très, très vieille.

– Tu n'en as pas l'air.

– Je sais. C'est étrange, hein ?

Elle s'installa et désigna son précieux coffre sur ses genoux :

– C'est pour toi.

– Qu'est-ce que c'est ?

– La vérité sur tes origines. La vérité sur ma première existence, celle qui dérangeait tant mes parents.

Un éclair illumina chaque visage où se lisaient effarement et tristesse.

Mary et Étaine échangèrent un coup d'œil alarmé. Elles comprenaient enfin que tout ceci ne sortait pas de l'imagination de Shanel, que toute cette histoire était bien vraie.

– Tétaine, les réponses à tes questions sont à l'intérieur, dit-elle en tendant le coffre à sa sœur. Tu le donneras ensuite à Myrtille. Il lui revient de droit.

Étaine se saisit de la large boîte en bois. Les larmes baignaient ses joues.

– Fais-moi une promesse, implora son aînée d'une voix très faible.

– Tout ce que tu veux…

À ces mots, un sourire paisible étira les lèvres de Shanel. Son regard était lucide, pour la première fois depuis bien longtemps. Enfin, elle allait pouvoir se reposer.

– Guéris la mémoire de ma petite-fille. Toi, la brillante biologiste de la famille… tu sauras comment utiliser la plante que tu as rapportée, non ?

Étaine se mordit les lèvres. Elle tentait de masquer à quel point elle était ébranlée par les révélations de sa sœur. Elle s'en voulait de n'avoir rien vu, rien deviné. Comment Shanel avait-elle pu porter un si lourd fardeau seule ? Dire que pendant toutes ces années, elle avait pris la défense de ses parents face à sa sœur, sans connaître le secret qui dictait leurs relations. Mais qu'aurait-elle pu comprendre du haut de ses neuf ans ?

Les réflexions de la vieille gouvernante étaient au même point. Elle qui avait cru connaître cette famille durant ces si longues années ! Contrairement à leurs belles paroles, jamais les époux Kay ne l'avaient traitée comme un membre de la famille à part entière.

Quelles désillusions…

L'orage s'ébroua une dernière fois avant qu'un rayon de soleil déchire la masse nuageuse. Myrtille se leva de son fauteuil pour venir s'agenouiller aux pieds de sa grand-mère, et posa sa tête sur ses cuisses. Shanel caressa tendrement les cheveux de la fillette. Un faible sourire étirait ses lèvres pâles.

– Tout va aller, maintenant, murmura-t-elle. Tout va aller. Je peux partir…

Épilogue
Le coffre secret

Voici donc l'histoire de ma grand-mère. De cette époque, je n'ai que des souvenirs fugaces. Je relis souvent *Mémento* que ma grand-tante m'a confié. D'après Andrew, c'est moi qui ai eu cet effet sur la mémoire de ma grand-mère. Mon arrivée dans sa vie a déclenché un « réveil de souvenirs » qui, sans cela, n'aurait jamais existé.

Quelle coïncidence incroyable que nous nous soyons rencontrées aux Aigles Bleus ! La vie est vraiment étrange, parfois. Nous vivions en tête à tête mon père et moi, et aujourd'hui, nous faisons partie d'une famille unie, solide. Les plaies cicatrisent doucement, même si le chemin est sinueux, se faufilant sous des cieux capricieux.

Le combat de mon oncle Andrew contre le cabinet Life & Health n'est pas encore gagné, dix ans après, et Étaine ne s'est pas encore remise de la mort de sa sœur ni de l'effondrement de son modèle parental.

Mais ce n'est pas le moment de se plonger dans ces souvenirs. Ce soir, nous organisons une grande fête. Nous avons trois anniversaires à célébrer. Dix ans se sont écoulés depuis que ma grand-mère a fermé les yeux. Mary, elle, fête ses quatre-vingt-treize printemps, et je ne doute pas qu'elle nous honorera d'une petite danse. Et puis, il y a moi, Myrtille, avec « le plus bel âge », me certifie cette vieille dame pleine de bonté.

Vingt ans.

L'âge de ma mère le jour de ses noces. Mon père me regarde souvent avec nostalgie et fierté. Pour mon anniversaire, il m'a offert le plus beau des cadeaux : la robe de mariée de maman. Elle voulait qu'elle me revienne aujourd'hui. Je l'ai un peu remise au goût du jour, et elle est dorénavant parfaite pour cette occasion. Il m'a expliqué que ma mère n'en avait jamais voulu à ma grand-mère de l'avoir abandonnée ; qu'elle devait avoir ses raisons. Elle avait su reconnaître la chance d'avoir goûté à l'amour d'une mère et d'un père. Elle avait compris que ce n'étaient pas uniquement les liens du sang qui créaient les familles. Mais l'amour.

Et moi, je suis guérie ! Grâce à la plante ramenée par ma grand-tante, ainsi qu'à ses recherches assidues. De toute cette histoire, j'ai appris une leçon précieuse : il faut savoir dénicher le positif dans le négatif pour avoir la force de continuer, même si nos chemins sont difficiles. C'est grâce à Jeunesse Éternelle et à ma maladie que nos chemins se sont croisés. Alors pourquoi la vie ne sourirait-elle pas aussi aux autres ?

Peut-être êtes-vous curieux de connaître le contenu de ce coffre que Shanel gardait précieusement depuis tant d'années ? Une poignée de photos, dont un cliché que je conserve tout particulièrement : ma grand-mère tenant dans ses bras ma mère tout juste née. Un petit bracelet de naissance et de fins cheveux dans une enveloppe.

Et aussi des lettres jamais envoyées.

Dont une, pour ma mère, dans laquelle Shanel lui révélait ses origines.

*

Ma chère fille,

Si je t'écris cette lettre, ce n'est pas pour renier ma faute. Juste pour éclairer mon geste.

Quand je me suis aperçue de ta présence en moi, il y a de cela quelques années, j'ai d'abord hésité à en parler à mes parents. J'imaginais qu'ils ne manqueraient pas de me questionner sur le père, un touriste européen rentré au pays après une nuit durant laquelle j'avais cru être dans les bras du prince charmant. Désenchantement dès l'aube. J'imaginais que mes parents me mettraient face à mes responsabilités.

Je me trompais.

Le dégoût a voilé le regard de mon père, et le mépris celui de ma mère. Pour eux, il n'y avait qu'une solution. Je ne comptais pas me débarrasser de l'enfant ? Soit ! Je devais donc m'éloigner de leur vie immaculée pour ne pas la salir. Mon père m'a mise à la porte avec une enveloppe contenant 10 000 dollars et l'ordre de ne rien dire à personne. Maman le soutenait.

J'étais écœurée par leur ignoble attitude. Mais à qui aurais-je pu me confier ou demander de l'aide ? À ma petite sœur, Étaine, qui n'avait que neuf ans ? Ou à ma nounou, Mary, qui aurait aussitôt démissionné pour se retrouver sans le sou ?

J'ai pris l'argent de mon père, puis j'ai prétendu à qui voulait l'entendre que je partais découvrir le monde, que je n'étais qu'une insouciante et capricieuse gosse de riche. Et je suis partie… sans me retourner. Avec mes petites économies, j'avais un pécule suffisant pour m'installer avec mon enfant. Et heureusement ! Ce n'est pas facile de trouver un emploi en étant enceinte de quatre mois !

Comme je n'avais pas de destination précise, j'ai pris le premier train qui se présentait, vers la Louisiane. C'est là que je l'ai rencontré. À quarante ans, il était déjà un avocat réputé. Il m'a prise sous son aile et m'a fait miroiter un avenir confortable. J'étais jeune, fragile et influençable, moi qui me croyais si forte ! Il venait de divorcer et avait deux enfants, jeunes adultes. Il n'en voulait pas de troisième. Il a habilement réussi à me convaincre que je ne désirais pas moi-même cet enfant qui gonflait mon ventre. Quand tu es née, mon cœur a chaviré. Je t'ai confiée à cette femme, et mon cœur s'est brisé. Pour toujours. Et j'ai pensé combler ce vide atroce en m'enfonçant dans cette vie facile que me procurait mon époux. Celle que je connaissais déjà,

mais avec la liberté en plus. Je me suis étourdie de voyages incroyables.
Pour essayer de faire mon deuil de toi, j'ai transformé une belle boîte ramenée de mon dernier périple en Afrique en un petit cercueil symbolique : il contient ma douleur, mes rêves déçus, ma seule photo de toi, ton bracelet de naissance et une petite mèche de tes cheveux d'ange que j'ai coupés à la maternité. Cette lettre ira bientôt les rejoindre.
Ce qui touche le cœur se grave dans la mémoire. C'est ma punition, ma pénitence.
Shanel Kay

Cinq ans que je peaufine amoureusement ce roman, encore et encore, certaine d'avoir quelque chose de précieux à partager. Entre-temps, tout me poussait à persévérer : la maladie, la mort, la vie. Cette histoire partait d'un personnage qui m'intriguait, un personnage secondaire dans un précédent roman, *Imago*. Ce roman aurait dû faire partie d'un diptyque, mais la réalité ne correspond pas toujours aux rêves de l'écrivain. Plus les versions s'accumulaient, plus je m'éloignais, volontairement ou non, de mon projet initial. Puis, au fil des différentes variantes, l'histoire a hésité à trouver sa place en jeunesse, comme en vieillesse. Il m'a fallu alors du courage pour reprendre une énième fois ce roman, mais j'ai taillé, resserré, ajouté, déplacé, retaillé, ciselé, et le résultat est entre vos mains…

Je remercie chaleureusement Danielle Martinigol pour sa lecture amicale. Une pensée infinie pour Ayerdhal, quelques mois seulement avant qu'il ne parte rejoindre les étoiles, cet ami sincère qui m'a encouragée à persévérer dans ce projet.

Merci à mes fidèles amis, mes très proches, ma précieuse petite famille, pour votre soutien, comme pour votre patience. Je ne vous cite pas, vous vous reconnaîtrez. Je vous aime.

Et enfin, un très grand merci à Charlotte Mériaux pour ses précieux conseils, pour sa confiance, elle qui a su m'orienter avec beaucoup de respect sur les bonnes pistes pour rendre lisible un travail de plusieurs années.

Cet ouvrage a été mis en pages par DV Arts Graphiques à La Rochelle
Impression réalisée par GRAFICA VENETA
en octobre 2016
pour le compte des Éditions Bayard

Imprimé en Italie